Jillian Lavender

Medita

Reiníciate.
Trasciende el pensamiento.
Recupera la claridad.

KŌAN

Descargo de responsabilidad: La información contenida en este libro es únicamente de carácter educativo y no constituye asesoramiento médico. Jillian enseña una técnica de autotrascendencia automática llamada meditación védica. Ejerce su labor de forma independiente y no está vinculada a ninguna organización ni afiliada a ninguna entidad de meditación trascendental.

c/ Mar Tirrena, 5, 08912 Badalona
www.koanlibros.com • info@koanlibros.com

Título original: *Do Reset*

ISBN: 978-84-10358-23-2 • Depósito legal: B-10204-2025
Diseño de cubierta: James Victore
Diseño del libro: Ratiotype
Maquetación: Cuqui Puig
Impresión y encuadernación: Liberdúplex
Impreso en España / *Printed in Spain*

1ª edición, junio de 2025

Contenido

Echar el ancla

Descubrí la meditación a principios de 1997 en Sídney (Australia). Como no conocía a nadie que meditara, no hablaba mucho de ello. Simplemente era algo que hacía cada día a solas y luego seguía con mi vida.

A los pocos meses de empezar a meditar me encontré con una amiga a la que no veía desde hacía bastante tiempo. De pronto, en mitad de la conversación, apoyó los cubiertos en el plato, me miró fijamente y me soltó:

—¿Qué ha pasado?

Yo no entendí lo que quería decir, así que le pregunté a qué se refería.

—A ti te pasa algo. Estás diferente. ¿Has conocido a alguien? —preguntó.

—No, no ha cambiado nada —respondí—. Bueno, tal vez, lo único es que he empezado a meditar.

—¡Pues debe de ser eso! Se te ve mucho más tranquila.

Al echar la vista atrás y pensar en las dos últimas décadas, me doy cuenta de aquellos primeros cambios.

Antes de meditar, vivía como una barca a la deriva en medio de una tormenta, arrastrada por el viento y las olas. Siempre a merced de los vaivenes de la vida. Tan pronto me estrellaba contra las rocas como me hundía en el mar. Cuando los vientos de la opinión soplaban en una dirección, me dejaba llevar. Y cuando cambiaban, me empujaban en la dirección opuesta. Pero cuando empecé a meditar cada día, fue como si alguien hubiera echado un ancla al agua. Mi vida seguía llena de trabajo y asuntos personales, pero lo manejaba mejor. Ya no me sentía tan desbordada. Estaba más tranquila. Mi mente se había aquietado. Me sentía más segura y mejor plantada. Confiaba más en mí misma y tomaba mejores decisiones. Y era más feliz.

Introducción

Vivimos en un mundo frenético.

Lo sabemos. El ritmo de la vida diaria es vertiginoso, y todo indica que seguirá acelerándose. Estamos expuestos a una cantidad de información inmensa y constante. Y nos llega a una velocidad abrumadora. No hace tanto tiempo, lo más rápido que podía viajar una idea era a caballo. En apenas doscientos años hemos pasado a un paradigma completamente distinto. Con un solo clic nos enfrentamos a una avalancha de información que nuestro cerebro debe procesar sin descanso. Y la llegada de la inteligencia artificial lleva esta situación a otro nivel.

El cambio, por naturaleza, es acelerado, y no hay señales de que las cosas vayan a ralentizarse. Este año no ha sido menos intenso que el anterior. El próximo promete traer aún más exigencias. La comunicación, que antes tomaba meses, ahora ocurre al instante. Problemas que antes se resolvían en años, ahora se solucionan en segundos.

Por suerte, aunque el ritmo de generación e intercambio de ideas puede parecer desbordante, tenemos una increíble capacidad de adaptación. La clave está en cómo utilizamos nuestro cerebro, la cúspide de nuestro propio sistema de procesamiento. El cerebro alberga el centro de procesamiento ejecutivo, que regula gran parte de nuestra manera de estar en el mundo. Su estructura neurofisiológica básica no ha cambiado mucho en cientos de miles de años. Sin embargo, el cerebro es altamente adaptable y maleable, y sus conexiones neuronales se reconfiguran con cada nueva experiencia. Así que, aunque la materia cerebral en sí se mantiene prácticamente igual, las demandas que le imponemos evolucionan a gran velocidad.

Por eso, por más que intentemos lidiar con un ruido cada vez mayor, la mente acaba sobrecargada. A veces, nuestro estilo de vida se vuelve insostenible y nos desestabiliza. Así que tratamos de organizarnos mejor. Buscamos ser más inteligentes. Nos esforzamos por mantener el ritmo. Nos prometemos a nosotros mismos que seremos más disciplinados.

Sin embargo, a pesar de nuestros intentos por adaptarnos a un ritmo cada vez más acelerado, llega un punto en el que esforzarnos más, pensar más rápido y gestionar mejor se topan con un límite. Y esos límites se manifiestan en forma de enfermedad, infelicidad, malas decisiones, exceso de medicación y agotamiento crónico.

El ruido no va a desaparecer.

Entonces, ¿cómo encontrar la paz en medio de tanto caos?

¿Cómo lograr claridad sobre qué hacer a continuación?

¿Cómo recuperar un estado más saludable?

¿Cómo reiniciar y volver a ser quien realmente eres?

La respuesta está en tu interior.

Dentro de ti hay un espacio de calma y quietud. Un estado puro, sereno e íntimo. Una reserva prácticamente inagotable de energía y potencial creativo. Esa es tu esencia, tu verdadera naturaleza. Eso eres tú, sin tus pensamientos.

La meditación es el camino más fiable para alcanzar este estado. Para dejar de identificarte con los pensamientos de tu mente y volver a su fuente. Para acceder plenamente a tu energía, creatividad e inteligencia.

Reiniciar cada día

En última instancia, este es el propósito de la meditación: reiniciar cada día.

Un momento para asentarte y trascender la mente y el cuerpo, anclándote en una base estable. Y luego emerger, listo para la vida de una manera completamente distinta: con más claridad, calma y plenitud.

De eso trata este libro. Del poder de ir más allá del ruido, de superar la mente agitada y encontrar claridad.

Cómo descubrí la meditación

Recuerdo muy bien el momento en que aprendí a meditar. No estaba buscando nada; en realidad, mi vida estaba bastante llena. Me había mudado de Nueva Zelanda a Sídney y dirigía la división de Australasia de una editorial global. El entorno era el de una *start-up*: jornadas interminables, viajes frecuentes, noches de fiesta, cenas en buenos restaurantes y demasiado alcohol. Aunque desde fuera podía parecer glamuroso, por dentro no me sentía bien. Estaba agotada, no dormía bien, me sentía dispersa, ansiosa y sobrepasada. Aunque en ese momento no lo viera con claridad, tenía la palabra *insostenible* escrita por todas partes.

Siguiendo una recomendación, acudí a una charla de introducción a la meditación. Me interesaba vagamente el tema, pero no tenía claro en qué me estaba metiendo. No sabía nada sobre lo que yo consideraba «cosas espirituales», y no me interesaba el yoga ni nada que sonara a alternativo. Durante la charla me sentí aliviada al ver que los profesores parecían personas normales. Eran claros y tranquilos, y se notaba que sabían de lo que hablaban. Explicaron con precisión cómo funcionaba esta técnica milenaria y, lo más importante, cuáles eran sus beneficios para la salud física y mental, algo que yo necesitaba desesperadamente. Todavía conservo, en algún lugar, aquel folleto en el que se detallaban los numerosos estudios científicos que avalaban los efectos de esta técnica sencilla y natural para relajar la mente y el cuerpo. Lo siguiente que recuerdo es que me inscribí en un curso de meditación védica de cuatro días.

Aprender a meditar fue un punto de inflexión en mi vida. Las cosas cambiaron en todos los sentidos, tanto de forma inmediata como en el rumbo que han tomado mi vida y mi carrera hasta hoy. Poco después de empezar a practicar, comencé a sentirme diferente. Tenía más energía, pensaba con mayor claridad y me sentía más segura, feliz y tranquila.

Vivía la meditación como un superpoder secreto mientras seguía desarrollando mi carrera profesional y asumiendo roles de liderazgo en París y luego en Londres. Después de casi una década meditando, decidí dar un giro radical a mi carrera y dedicar catorce meses a formarme como instructora de meditación védica. En 2003 comencé a dar clases y, junto con mi pareja, fundé el London Meditation Centre y el New York Meditation Center. Desde 2008 enseño a tiempo completo.

Desde fuera, mi decisión de dedicarme a la enseñanza de la meditación no parecía tener mucho sentido. Para muchas personas de mi entorno, abandonar un puesto de alto nivel y la aparente estabilidad que ofrecía resultaba incomprensible. Sin embargo, yo lo tenía muy claro. Sabía perfectamente la diferencia que había marcado la meditación en mi vida: su impacto positivo en mi salud, en mi capacidad de tomar decisiones y en mi felicidad era innegable. Y comprendí que no era solo una experiencia personal, sino una necesidad más amplia: muchas personas buscaban herramientas eficaces para afrontar todo lo que ocurría en sus vidas.

Gran parte de mi motivación para escribir este libro es inspirarte a restablecer tu sistema en su nivel más profundo. Se trata de mejorar tu vida y la de quienes te rodean.

Cómo enseñamos la meditación védica

Me encuentro con muchas personas que han probado algún tipo de meditación. Muchos de mis alumnos comenzaron viendo vídeos o descargando una aplicación en el móvil. Un punto a favor de la tecnología actual es que facilita el acceso a la meditación de manera sencilla y cómoda. Sin embargo, el problema es que no siempre se obtiene el nivel de beneficio esperado, y a muchas personas les resulta difícil o poco placentero mantener una práctica diaria. Por lo general, esta decepción no tiene que ver con la persona, sino con el enfoque utilizado. En la segunda parte explicaré por qué es fundamental emplear la técnica de meditación adecuada. Pero, por ahora, basta con señalar que no todas las formas de meditación son iguales. Cada estilo afecta de manera distinta al sistema nervioso y, en consecuencia, genera resultados diferentes.

Esto es importante, porque la meditación funciona mejor cuando trabajamos con la mente en lugar de luchar contra ella. Un proceso natural, alineado con la naturaleza de la mente, resulta sencillo y nos motiva a practicarlo. Cuando lo hacemos, nos sentimos bien y, lo más importante, nos sentimos mejor después.

La técnica que practico y enseño es la meditación védica, un estilo de autotrascendencia automática. Como puede sonar un poco complicado, vamos a desglosarlo:

— *Automática*, porque ocurre de forma espontánea, sin ningún esfuerzo por parte de la persona que medita. Como veremos, esforzarse o tratar de concentrarse solo dificultará una experiencia fluida y efectiva.
— *Autotrascendencia*, porque implica un proceso de ir más allá. Pero ¿más allá de qué? En la meditación, trascendemos los pensamientos para llegar a su origen, a un estado fundamental de quietud interior.

Aprender a meditar es el comienzo de un viaje, y es importante empezar con buen pie. La forma de aprender es tan importante como lo que se aprende. Por eso siempre recomiendo el método de aprendizaje presencial, que ha demostrado su eficacia a lo largo del tiempo. Aunque nuestra era está marcada por la interacción a través de pantallas, aprender meditación védica es diferente. Puede sonar anticuado, pero adquirir una habilidad tan fundamental para la vida es un proceso sutil y delicado. Es imprescindible la presencia real de un maestro experimentado.

Aprender a meditar correctamente requiere una enseñanza personalizada, ya que la experiencia de cada persona es única. Por este motivo, el maestro debe reunirse en persona con el alumno para ofrecerle una orientación adaptada a sus necesidades. Desde la primera instrucción, la evolución de las experiencias es rápida; por eso, un curso estándar se desarrolla a lo largo de cuatro días consecutivos, con sesiones de aproximadamente dos horas diarias. Esta estructura permite al principiante hacer un seguimiento de su progreso y comprender mejor los efectos de la práctica, así como los estados de conciencia más sutiles que experimenta. Gracias a este formato intensivo, al finalizar el curso el alumno tendrá la confianza y la autonomía necesarias para meditar a diario, sentando las bases para una práctica de por vida.

Millones de personas practican esta técnica de meditación, por lo que hay maestros en todo el mundo que la enseñan. Encontrar un instructor cualificado es una parte fundamental del proceso de aprendizaje de la meditación, y con una simple búsqueda en Internet puedes encontrar uno cerca. Tómate tu tiempo para conocer su enfoque y valorar si su estilo resuena contigo. Algunos aspectos a considerar sobre el maestro son: ¿es capaz de responder a tus preguntas de manera completa y adecuada? ¿Enseña en persona? ¿Ofrece un seguimiento continuo a medida que evolucionas en tu práctica? ¿Se formó con un maestro profesional y experimentado, con una trayectoria comprobada?

Cómo se estructura este libro

Aunque este libro no te enseñará a meditar, quiero inspirarte mostrándote cómo una técnica sencilla y natural tiene el poder de hacer que tu sistema descanse y se restablezca a un nivel profundo. Cuando comprendes su funcionamiento, se abre la posibilidad de acceder a todo tu potencial de una manera práctica y comprobada.

En la primera parte, «Trascender el pensamiento», exploraremos la vida desde tres niveles fundamentales: acción, pensamiento y esencia. Con el pensamiento y la acción ya estamos muy familiarizados. Sin embargo, estos ámbitos no ofrecen una visión completa de nuestra vida. Hay una dimensión más profunda de tu esencia que subyace bajo la superficie. Veremos qué es y por qué resulta tan beneficioso conectar con ella.

En la segunda parte, «Reiniciar en profundidad y la meditación védica», explico en qué consiste una técnica de autotrascendencia automática como la meditación védica. ¿Cómo podemos ir más allá de nuestros pensamientos y qué sucede cuando lo hacemos? Explicaré cómo esto influye en la claridad mental y en la fuerza de nuestras acciones, con especial énfasis en la manera en que la meditación fortalece el acceso a nuestra intuición.

En la tercera parte, «La ciencia del Ser y sus beneficios», exploraremos el ser desde una perspectiva científica como un estado único, identificable a través de cambios específicos en el funcionamiento del cerebro, las tasas metabólicas y la bioquímica. Y, lo más importante, analizaremos su impacto en nuestros estados físico, mental y emocional, destacando los cambios positivos que genera.

En la cuarta y última parte, «Cómo silenciar el ruido y encontrar claridad», exploraremos formas sencillas de reiniciar. Aunque aprender meditación védica requiere una experiencia presencial, existen pasos y prácticas que ayudan a calmar la mente, restablecer el equilibrio y avanzar. He incluido algunos consejos prácticos y ejercicios para que dispongas de estrategias concretas con las que tomar impulso e incorporar momentos regulares para reiniciar en tu vida.

Primera parte
Trascender el pensamiento

Lo que más me impactó del confinamiento en Londres en 2020 fue el silencio. No había aviones en el cielo. Apenas circulaban coches. No se veía gente en las calles. La vida diaria se redujo de una forma sorprendente. Ahora que la actividad ha vuelto con más fuerza que antes de la pandemia, nuestros sentidos están de nuevo sobrecargados.

Es casi imposible medir cuánta información procesa una persona a lo largo del día, pero sabemos que es mucha. Sin embargo, no se trata solo de la cantidad. También influye su flujo incesante: un murmullo de fondo que nunca se apaga. La presión constante de las exigencias diarias y la sensación de estar siempre respondiendo poco a poco nos arrebatan la paz y el equilibrio.

El ruido en tu cabeza

> **Tal vez si dejáramos a un lado las historias y nos centráramos simplemente en lo que tenemos delante, podríamos conseguir el impacto deseado. Puede que el ruido mental no sea más que eso: ruido.**
> Seth Godin

Por un lado está el ruido externo del mundo a tu alrededor, y por otro, el parloteo dentro de tu cabeza. Cuando estás despierto, piensas. Cada minuto, cada hora, cada día, piensas, piensas y sigues pensando.

Todas esas ideas, recuerdos, impresiones, deseos y tareas pendientes suman decenas de miles de pensamientos al día. Y el punto es que la mayoría de los pensamientos que tienes hoy son los mismos que los de ayer: mucha repetición y poca innovación. Esto sucede porque, cuando tu capacidad de atención se ve llevada al límite, la mente tiende a quedar atrapada en un ciclo repetitivo.

La relación señal/ruido

El ruido exterior o interior es un zumbido constante en tu mente, y cuando el volumen supera tu umbral de tolerancia, te descentra. En ese estado de saturación cuesta tomar decisiones. La incesante avalancha te impide pensar con claridad.

Este fenómeno se conoce como «relación señal/ruido». Imagina una radio antigua que no está bien sintonizada y emite un sonido lleno de estática. El ruido te impide escuchar las noticias con claridad. Del mismo modo, cuando tu mente está sobrecargada de pensamientos, el constante bullicio mental bloquea cualquier mensaje claro sobre el siguiente paso a tomar.

En este vertiginoso escenario de cambio y con las constantes exigencias de la vida moderna, la falta de claridad supone un coste cada vez mayor. Es fundamental reducir el ruido interno y captar las señales que merecen tu atención.

¿Cómo encontrar el antídoto contra el ruido?

Empecemos por lo que no funciona.

La prohibición no es la solución

Controlar a las personas, las cosas, los acontecimientos o los comportamientos no conduce a un progreso real. Por mucho que le repitas a la gente que no beba, lo seguirá haciendo. Poner un cartel que diga «No pisar el césped» no servirá de nada: seguirán pisándolo. Y si te esfuerzas en no pensar, tu mente se volverá aún más activa.

Es agotador. Luchar contra los pensamientos de tu cabeza crea más ruido, porque ahora estás pensando en no pensar. «No debo pensar» es un pensamiento. «¿Por qué no puedo dejar de pensar?» es otro pensamiento. Y así sucesivamente: justo aquello de lo que intentas librarte produce aún más ruido.

Ahogar los pensamientos es una solución pasajera: volverán

Puede que durante el día mantengas la mente ocupada con un montón de actividades triviales. O que intentes enmascarar los pensamientos con algo que te relaje, como el alcohol.

Tal vez intentes bloquearlos con algo que te suba las revoluciones, como el ejercicio de alta intensidad. Sales a correr y durante 40 minutos no piensas en la hipoteca ni en todos esos correos electrónicos pendientes. Por un lado, es un alivio desconectar y no tener que ocuparse de todo ello.

Sin embargo, la dinámica evolutiva en la que se basa salir a correr hace que el cuerpo se ponga en modo supervivencia. El ejercicio intenso calma temporalmente la mente porque el córtex prefrontal se apaga y las endorfinas inundan el torrente sanguíneo para compensar el estrés al que estás sometiendo al cuerpo.

Nuestros antepasados corrían para escapar de sus depredadores o para conseguir comida. Tenían que estar alerta y centrados en el momento presente. Por eso cuando se realiza un gran esfuerzo y se entra en modo supervivencia no se rememora el pasado ni se especula sobre el futuro. Desaparecen los pensamientos sobre facturas pendientes de pago o colegas conflictivos. Sin embargo, cuando vuelves a tu mesa de trabajo y tu cuerpo se relaja, el estrés subyacente emerge en forma de ruido mental.

Sin duda, la actividad física es buena para la salud. Sin embargo, si solo eres capaz de cambiar tu bioquímica mediante un estado de hiperexcitación, estás perdiendo la oportunidad de restablecer tu sistema nervioso en un nivel más profundo.

Intentar ignorarlos también es un parche: nunca desaparecen

Como el vapor que sale de una olla a presión, esos pensamientos molestos encuentran la forma de salir a la superficie. Taparlos e intentar ignorarlos significa que, en cierto modo, sabes que están ahí y que en algún momento volverán. Y, cuando lo hagan, será con más intensidad: se han contenido y ahora tienen una urgencia que antes no tenían.

La ley del segundo elemento

Imagina un grupo de personas en una habitación a oscuras. Inmediatamente surgen problemas derivados de vivir en la oscuridad: se chocan constantemente unas con otras, tropiezan o se golpean con los muebles, y no pueden hacer nada porque no ven. Hay mucha confusión, y se hacen daño.

A alguien se le ocurre crear comités para tratar de organizar el caos. Está el comité de «Distribución del mobiliario», que decide la mejor forma de colocar mesas y sillas. Luego, el comité de «Primeros auxilios», encargado de conseguir tiritas y aspirinas. Y, finalmente, el comité de «Seguridad», que se dedica a cubrir las esquinas afiladas con espuma protectora.

Mientras todas estas labores están en marcha, alguien entra en la habitación, se acerca al interruptor y enciende la luz. Esto resuelve muchos de los problemas, pero también revela el desorden y la ineficiencia.

¿Qué ha cambiado? Por mucho que se reorganizaran los muebles, la habitación a oscuras no iba a ser funcional. Lo que ha cambiado es la introducción de un segundo elemento: la luz.

El segundo elemento cuestiona las suposiciones de los intentos previos para resolver el problema. En lugar de trabajar a ciegas, la introducción de este elemento transforma la situación y las posibilidades.

Las soluciones deben ir más allá del problema

Pensar en cómo funciona una lámpara no te dará luz. Del mismo modo, pensar en una mente en calma no te traerá paz. Ahondar en las causas del ruido mental para encontrar una calma permanente es una pérdida de tiempo y de energía. La solución está en la experiencia directa de un estado diferente. Para disipar la oscuridad, enciende la luz. Para eliminar el ruido, abraza el silencio. En este caso, el silencio es el segundo elemento.

Necesitamos una experiencia directa de paz interior, no un concepto abstracto de ella. Para ello, hay que trascender la mente y profundizar.

Los tres ámbitos de la vida

Para entender lo que significa «trascender la mente y profundizar», primero debemos tomar perspectiva y examinar la vida desde una óptica más amplia. Así podremos darle sentido.

Plantéate estos tres ámbitos de la vida:

1. **Hacer**
2. **Pensar**
3. **Ser**

Estos tres estados están interconectados e interactúan entre sí.

— La calidad y relevancia de tus acciones depende de la fuerza de tu pensamiento.

— El poder y la claridad de tu pensamiento depende de tu conexión con tu esencia.

— Tu esencia es la base fundamental, sin ella no podrías experimentar la vida.

Analicemos cada uno de estos aspectos con más detalle.

1. Hacer

«Proceso de acción, normalmente con el fin de conseguir algo.»

¿Qué nos impulsa a la acción?

Al analizar la naturaleza de la vida, observamos que todos los organismos vivos comparten un poderoso impulso intrínseco: la tendencia a crecer. A progresar. A desarrollar todo su potencial. A ir más allá.

Esta voluntad de crecimiento es lo que te impulsa a hacer. Cuando una semilla cae en tierra firme, las fuerzas del crecimiento desencadenan una serie de cambios. La semilla extiende una raíz hacia el suelo y un delicado tallo comienza a elevarse hacia la luz. Con el tiempo, a pesar de todo tipo de desafíos, la semilla se convierte en un árbol. Ese árbol producirá más semillas y así continuará el ciclo.

Todo lo que vive quiere crecer y desarrollarse hasta alcanzar su pleno potencial.

Como dijo Aldous Huxley, «todo techo que se alcanza se convierte en un suelo». La tendencia innata a crecer se desarrolla de forma progresiva, pasando de una etapa a otra, porque el hilo conductor del universo es el cambio constante. La acción es el medio que nos permite avanzar.

Por supuesto, no todas las acciones que realices te llevarán al éxito. Pero eso no cambia la motivación fundamental. El deseo de expansión, crecimiento y desarrollo es la base de todo avance y mejora. El progreso es la naturaleza de la vida: todo evoluciona.

El detonante de la acción

Toda acción tiene su origen en un deseo. Es ese impulso interno que nos orienta y nos pone en marcha.

«Quiero una taza de té.» Te diriges a la cocina.

«Quiero perder cinco kilos.» Vas al gimnasio.

«Me gustaría ser mi propio jefe.» Te planteas cómo dejar tu trabajo.

Todo lo que haces está orientado a conseguir la felicidad que imaginas. Incluso cuando haces aquello que no te gusta, lo haces para lograr algo mejor.

A medida que avanzas hacia tus metas y deseos, te enfrentas a cambios. Todo crecimiento ocurre a través de una serie de transformaciones. Cuanto mejor manejes estos cambios, más fluido será tu progreso.

Dicho de otro modo, el éxito es la capacidad de actuar y cumplir tus deseos.

La mecánica de la acción

Si la acción es el medio por el cual cumplimos nuestros deseos y crecemos, ¿cómo se manifiesta esto?

— Crecimiento equivale a progreso.

— Progreso equivale a cambio.

— El cambio nos exige algo.

El cambio nos obliga a adaptarnos. Es una demanda. Llega nueva información, y con ella, la oportunidad de responder a ese desafío.

Al llegar a la estación descubro que mi tren viene con retraso. De acuerdo, tengo nueva información, que requiere algo por mi parte. Y tengo que actuar en función de esa información. ¿Espero? ¿Voy en autobús o en coche? ¿Llamo a mi cliente y le digo que voy a llegar tarde? ¿O cambio la cita, me voy a casa y hago otra cosa?

La nueva información me obliga a adaptarme y actuar.

Decido ir en autobús. Pero hay un tráfico tremendo. Lo cual supone un nuevo requerimiento. Ahora tengo que adaptarme a esa nueva información. ¿Envío un mensaje a mi cliente para avisarle? ¿O cambio la cita?

Pasar a la acción es una respuesta a un cambio de expectativas. Un mundo en constante cambio significa que siempre hay nuevas exigencias que cumplir. Y las nuevas exigencias constituyen nuevas oportunidades de actuar.

Actuar de forma correcta en el momento adecuado

La cuestión de qué es lo «correcto» genera muchos debates. Por supuesto, las acciones buenas o correctas son las que influyen positivamente en tu vida y en la de los que te rodean. Al igual que una piedra arrojada a un lago genera ondas que se expanden por toda la superficie, nuestras acciones, pensamientos y palabras nunca ocurren en forma aislada. Siempre habrá consecuencias, que pueden resultar evidentes de inmediato o tardar algún tiempo en manifestarse.

Todos hacemos lo mejor que podemos, teniendo en cuenta quiénes somos, qué sabemos y en qué momento de nuestra vida estamos. Existen innumerables libros que dictan reglas sobre cómo actuar correctamente. Pero saber qué es lo correcto en cada momento y de forma espontánea es fruto de un conocimiento más profundo. Para acceder a esa sabiduría interna es necesario situarse en un estado más sutil y refinado. Una percepción más fina conduce a mejores acciones.

Cualidades de una acción «correcta»:

— Fluye naturalmente, sin obstáculos ni fricciones.

— Es eficaz, no malgasta tiempo ni energía.

— No daña la naturaleza, está alineada con ella.

— Aporta energía, no la consume.

— No produce miedo emprenderla.

— Te sientes firme, sin dudas.

— Te influye positivamente y no perjudica a los demás.

— Te entusiasma.

2. Pensar

«Proceso que consiste en considerar o razonar sobre algo.»

Pensar es algo natural. A lo largo de tu vida, tu mente ha ido de aquí para allá, buscando algo en lo que pensar. Siempre que estás consciente, los pensamientos se suceden sin cesar: miles y miles cada día.

El pensamiento es la base de la acción

El pensamiento inspira la acción. Los impulsos, deseos, planes son pensamientos que nos motivan a movernos por el mundo. Todo lo que haces depende de la claridad y la fuerza de tu pensamiento. Si tus pensamientos son débiles, tus acciones serán débiles. Si tus pensamientos son erráticos, actuarás de forma dispersa.

La calidad de tus acciones depende de la fuerza de tus pensamientos. Por supuesto, no todos los pensamientos conducen a una acción. Muchos de ellos no llegan a materializarse. Sin embargo, cuando actuamos, lo hacemos movidos por un torrente de ideas.

¿Por qué pensamos tanto?

«Hummm, qué ganas de un batido.»
«¿Y ahora quién me escribe?»
«Tengo que pagar esa factura.»
«¿Qué es ese ruido?»
«¿Qué vamos a cenar?»
«Ah, hay rebajas, ¿cuánto cuestan esos zapatos?»
«¿Por qué no me ha mandado un correo electrónico? Igual no quiere venir.»

Aunque tu mente pueda parecer dispersa, en el fondo tiene un propósito: está en busca de felicidad. Tu atención funciona como un escáner, explorando constantemente a su alrededor en busca de algo mejor.

Es la naturaleza de la mente moverse, a través del pensamiento, en busca de mayor felicidad. Siempre que hay una opción, la mente considera la acción que pueda traerle más bienestar. Explora en busca de conocimiento porque esa es la tendencia de la vida: aprender más, expandirse, alcanzar su máximo potencial. Para disfrutar. Para amar y ser amado.

Siempre que te encuentras en un estado consciente, tu mente es capaz de detectar la felicidad que imagina y se moverá en esa dirección. Incluso cuando piensas en un problema, lo haces con la intención de encontrar una solución y la satisfacción que eso conlleva.

¿Qué es un pensamiento?

Un pensamiento es un impulso de energía. Sabemos que tiene energía porque todo pensamiento es un proceso, y todo proceso tiene más energía al principio que al final. Por eso estamos tan agotados cuando la mente se satura por el constante flujo de palabras e imágenes y por la presión de tomar decisiones.

Pensar consume energía.

Distintos tipos de actividad cognitiva consumen diferentes cantidades de energía. Se pueden medir a través de un electroencefalograma. El flujo de energía eléctrica que recorre las distintas partes del cerebro puede cuantificarse milisegundo a milisegundo mediante sensores colocados en el cuero cabelludo. Este dispositivo relativamente sencillo mide la frecuencia de las ondas cerebrales asociadas a distintos tipos de procesamiento cognitivo. Por ejemplo, cuando soñamos, la frecuencia de las ondas cerebrales es theta (4-5 ondas por segundo). Sin embargo, cuando estamos concentrados, la frecuencia de las ondas cerebrales cambia a gamma (20-50 ondas por segundo).

Si bien los pensamientos tienen energía, no son explosiones aleatorias en nuestra cabeza: fluyen en una determinada dirección. Cada pensamiento tiene un contenido y un significado relacionado con algo. Todo pensamiento implica cierto grado de orden y dirección. Recopilar información, observar, evaluar, analizar, sopesar opciones, elegir, decidir. Esta direccionalidad del pensamiento es una manifestación de la inteligencia.

Por lo tanto, los pensamientos tienen dos partes: la energía con la que fluyen y la inteligencia que les da dirección. Un pensamiento es un flujo de energía e inteligencia.

Las capas del pensamiento

> **Un pensamiento surge en el nivel más profundo de la conciencia y asciende a través de toda la mente hasta que finalmente aparece como un pensamiento consciente en la superficie.**
> Maharishi Mahesh Yogi

Si imaginamos la mente como un estanque, los pensamientos serían como burbujas de aire que ascienden desde el fondo del agua. Así como una burbuja es pequeña en el fondo y crece a medida que sube hasta estallar en la superficie, lo mismo ocurre con un pensamiento. En sus primeras etapas, un pensamiento es sutil y refinado, y se vuelve cada vez más evidente a medida que alcanza niveles más conscientes de la mente.

Si el agua del estanque está turbia, solo vemos la burbuja de aire cuando estalla en la superficie. Del mismo modo, si la mente está nublada y llena de ruido, solo puede percibir un pensamiento cuando emerge al nivel más superficial de los pensamientos ordinarios. Cuando la mente está «turbia», nos perdemos las capas más sutiles y poderosas de la cognición.

¿Cómo podemos potenciar nuestro pensamiento?

A medida que nos acercamos a una fuente de luz, esta parece volverse más fuerte y brillante. Del mismo modo, cuando te acercas a la fuente de tu pensamiento, sus capas más profundas y sutiles se van haciendo más visibles.

Sigamos profundizando hasta llegar al lugar donde se origina un pensamiento. ¿De dónde surge ese flujo de energía e inteligencia?

Hay una fuente de energía e inteligencia primordial y poderosa que mantiene al organismo humano en toda su complejidad. Dada la enorme cantidad y la persistencia de los pensamientos, debe de tratarse de una reserva prácticamente inagotable de potencial creativo.

Pero ¿qué es esa fuente y cómo entramos en contacto con ella? Y lo que es más importante, ¿cómo podemos aprovechar toda esa energía y poder creativo? Para responder a estas preguntas, debemos comprender quiénes somos en nuestra esencia. Necesitamos explorar el mecanismo subyacente que sustenta la vida misma. Necesitamos profundizar aún más.

3. Ser

«Estado de pura existencia; la naturaleza o esencia de una persona.»

Cuando se mira una rosa roja, se aprecian muchos elementos diferentes. Se pueden observar sus delicados pétalos rojos, su tallo cubierto de espinas, sus hojas verdes y brillantes y sus capullos rosa pálido a punto de florecer. En cada uno de estos aspectos subyace la savia pura e incolora que constituye toda la riqueza de la rosa.

Del mismo modo, el Ser o tu esencia es la existencia pura e inmaterial que subyace a todo lo que existe. Al igual que la savia incolora e informe se expresa en distintas partes de la planta, el Ser se manifiesta en todos los aspectos de la vida.

El sentido del yo

Normalmente, construimos nuestro sentido del yo identificándonos con lo que nos hace únicos: mi cuerpo, mi historia personal, mi familia, mi nacionalidad, el lugar donde vivo, el trabajo que realizo, mis experiencias, los roles que desempeño y mi estatus social y económico. También nos identificamos con nuestras creencias, valores, personalidad y carácter. Todos estos elementos contribuyen a la percepción de quiénes somos. Sin embargo, si tu identidad está ligada a estos aspectos siempre cambiantes, entonces quién eres y cómo te ves a ti mismo también fluctúa.

Cuando un aspecto de nuestra identidad desaparece, nuestro sentido del yo puede verse amenazado. ¿Quién soy yo sin ese puesto de trabajo? ¿Quién soy yo sin esa relación? ¿Quién soy yo si mi cuerpo ya no se parece al de hace veinte años?

Dado que estas capas superficiales de nuestra identidad siempre están cambiando, ¿cómo podemos conocer nuestra esencia? Recuerdo a la Jillian de los doce años, a la Jillian de los veinticinco, a la de los treinta, y así sucesivamente. Décadas después, la Jillian de hoy es muy distinta física y mentalmente a la de esas etapas anteriores de mi vida. Sin embargo, hay un aspecto de mí misma, un sentido del yo, que se ha mantenido constante a lo largo de los años.

¿Quién es ese yo que experimenta esas vivencias y pensamientos? ¿Cuál es ese aspecto constante e inmutable que configura mi sentido del yo? Obviamente, no es mi cuerpo, porque está en permanente evolución. No son mis pensamientos, porque cambian constantemente en respuesta a lo que ocurre.

Para comprender el hilo que conecta todos estos aspectos tan diversos, tenemos que ir a la fuente: nuestro Ser o esencia.

¿Cuál es tu esencia más profunda?

Los seres humanos son una rareza en el reino animal por su capacidad de alcanzar niveles superiores de autoconciencia. Conciencia del *yo*. Capacidad de introspección. Porque, si no conoces tu esencia, ¿cómo puedes conocer cualquier otra cosa?

La antigua sabiduría védica de la India responde a esta pregunta de forma directa y sencilla:

«Yo soy Eso, tú eres Eso, todo esto es Eso.»

El Veda es uno de los corpus de conocimiento más antiguos del planeta, con más de 5.000 años de antigüedad. En sánscrito clásico, *veda* significa «conocimiento puro» o «verdad». Esta sabiduría védica fue alcanzada por personas iluminadas que poseían la pureza física y mental que les permitió descubrir la esencia misma de la vida. Gracias a su experiencia directa, fueron capaces de comprender los fundamentos de la mente y las capas más sutiles de la creación. Más allá de la superficie de la existencia, identificaron su nivel más fundamental: un campo de ser o conciencia pura.

Este estado de conciencia tiene muchos nombres: espíritu, *samadhi*, conciencia pura, campo unificado, conciencia trascendental, el yo.

El Ser. Porque en esencia eres un ser humano.

Y esa esencia es tu espíritu, el núcleo de tu existencia. El fundamento y la fuente del pensamiento y de la acción. La base de todo lo que eres.

Si eliminas tus cargos y las funciones que desempeñas, ¿qué queda?

Si eliminas tus sensaciones corporales, ¿qué queda?

Si eliminas tus pensamientos y emociones, ¿qué queda?

Lo que permanece es el yo soy. Existo.

El estado del Ser es un estado de conciencia pura

Tú eres el silencio que existe entre un pensamiento y otro. Cuando todo el ruido interno desaparece, lo que queda es la esencia del Ser. Entonces dejas de identificarte con algo («yo soy esto o aquello»), para experimentar el estado puro de Ser («yo Soy»).

Está claro que para poder tener una experiencia hay que estar consciente. Toda experiencia implica un ser consciente. Tenemos que *estar* conscientes. Tenemos que *ser*. Cualquier pensamiento, sentimiento o acción presupone el Ser.

No es lo mismo saber acerca de ti que conocer tu esencia. En ese estado esencial comprendes quién eres realmente. No es una mera comprensión intelectual. Se trata de un conocimiento experiencial. En tu estado elemental eres conciencia. No eres un ser humano que es consciente. Eres el Ser teniendo una experiencia humana.

Pero ¿qué es la conciencia?
Es difícil de definir. Por ejemplo, podemos decir que un surfista está muy despierto y consciente a las 6 de la mañana, mientras que una persona que duerme en casa está inconsciente. También podríamos decir que alguien actúa de forma inconsciente cuando ignora los sentimientos de los demás. Podríamos hablar de un movimiento social que reclama políticas más conscientes. A mí me gusta simplificarlo:

- Estar consciente es lo mismo que ser consciente.
- Es la capacidad de experimentar internamente, sin importar cuán amplia o limitada sea esa experiencia.
- No es una cuestión binaria (consciente/inconsciente) sino cuantitativa: se puede ser más o menos consciente.
- La conciencia es fundamental: la claridad de mi pensamiento y la eficacia de mis acciones dependen de mi grado de conciencia.
- Todo lo que experimento en el mundo exterior es un reflejo del grado de conciencia que poseo.

El Ser es la manifestación del campo unificado de la conciencia
Uno de los grandes retos de la ciencia es determinar la naturaleza última del universo. ¿De qué está hecha la vida?

Si descubriéramos la materia más irreductible, los bloques de construcción básicos, entenderíamos todo lo creado a partir de ellos.

Durante más de doscientos años, en el mundo científico se asumió que todo lo que vemos a nuestro alrededor estaba compuesto por partículas diminutas que acabaron identificándose como átomos y moléculas. Sin embargo, cuando los físicos empezaron a investigar más a fondo, observaron que los propios átomos estaban formados por elementos aún más diminutos: el reino de las partículas subatómicas, mucho más pequeñas que los átomos. De hecho, las partículas subatómicas están separadas por enormes espacios, por lo que cada átomo tiene más del 99,99 % de espacio vacío.

Con el nacimiento de la teoría cuántica, los físicos descubrieron algunas de las leyes fundamentales de la naturaleza. La mecánica cuántica revela que lo que consideramos «materia» se comporta de formas que desafían la lógica convencional. Las partículas subatómicas no son sólidas y no pueden localizarse con precisión en el espacio.

A nivel cuántico, estos cuerpos extraordinariamente diminutos poseen en simultáneo las características de las partículas (minúsculas porciones de materia) y de las ondas (perturbación o vibración que transfiere energía). En lugar de ser esferas sólidas, se describen más exactamente como funciones de onda de un campo subyacente.

Entonces, si las partículas son como las olas, ¿cuál sería el océano?

Lo que nos revela la mecánica cuántica es:

1. No vivimos en un universo de partículas. Más bien, vivimos en un mundo de vibraciones: funciones de onda que se manifiestan a partir de un campo unificado de energía indivisible.

2. Este campo de energía y fuerza organizativa es la base de todas las formas y fenómenos. Solo existe un «elemento».

3. Existe la conciencia. Tú eres consciente. Yo soy consciente. Un girasol que sigue al sol a través del cielo revela que tiene conciencia. Una de las propiedades del campo unificado es la conciencia.

4. Si solo hay un elemento, tú debes ser ese elemento. Y también todas las cosas y todos los seres. Del mismo modo que las olas del océano están formadas por la misma agua salada que el océano del que surgen, cada manifestación del campo unificado subyacente es, en su esencia, una expresión de ese campo.

> **«El mundo físico es totalmente abstracto y carece de existencia real, con la excepción de su vínculo con la conciencia.»**
> Sir Arthur Eddington, físico, matemático y astrónomo

El estado de Ser es el cuarto estado de conciencia

Los tres estados principales de conciencia nos resultan familiares: podemos estar despiertos, dormidos o soñando. Cada uno de ellos se manifiesta en el cuerpo y en la mente de forma específica. Por ejemplo, alguien que está despierto está activo y tiene pensamientos. Alguien que está en sueño profundo está inactivo, no está despierto y no tiene pensamientos.

Para entender estos diferentes estados de conciencia, podemos utilizar una analogía: imagina que ves una película proyectada en una pantalla de cine.

Considera que el proyector es el cerebro y que la pantalla blanca es la mente donde se proyectan distintas imágenes. Tú percibes estas imágenes como cogniciones y sentimientos.

Supongamos que alguien conecta el proyector a un vídeo de lo que está ocurriendo en tiempo real en la calle. Esto es equivalente al estado de vigilia.

Luego, el proyector se desconecta de la transmisión en vivo y se conecta a una plataforma de *streaming*. Ahora comienza a proyectarse una película animada. Esto representa el estado de sueño, donde la mente genera fantasías e imágenes que no están relacionadas con los eventos reales del mundo exterior.

Cuando termina la película, el proyector se apaga y la pantalla se oscurece; es como el estado de sueño profundo, donde la mente no es consciente de nada, ni del mundo interior ni del exterior.

A continuación se vuelve a encender el proyector y se deja encendido sin mostrar ningún contenido: solo una luz blanca y brillante ilumina la pantalla. La mente está despierta, pero no hay objetos de experiencia. Este es el cuarto estado, la conciencia pura: la luz de la conciencia sin contenido. Estás despierto, pero no tienes ningún pensamiento.

Eso es Ser. Lo que eres tú sin tus pensamientos.

Segunda parte

Reiniciar en profundidad y la meditación védica

Hace muchos años enseñé a meditar a una niña de trece años. Siempre me ha intrigado saber qué lleva a alguien a meditar. Aunque su madre era meditadora, pude ver que el deseo de aprender venía de la propia niña. Me contó cómo observaba a su madre llegar a casa tras un día largo y agotador, exhausta y al límite. Se encerraba en otra habitación para meditar y salía como otra persona: clara, renovada y sonriente. Presenciar ese «antes y después» hizo que su hija comprendiera que la meditación suponía un cambio significativo del que ella era testigo a diario. Por eso ella también quiso aprender a meditar.

Si llevas una vida «normal», seguro que has experimentado el estrés y la fatiga que conlleva la vida moderna.

Pero la cuestión no es cómo evitar o gestionar el estrés. Lo importante es cuánto tardas en restablecerte y recuperarte. El término científico *homeostasis* describe la capacidad de un sistema biológico (en este caso, el sistema nervioso humano) para mantener su equilibrio. ¿Con qué rapidez y eficacia puedes volver a un estado de equilibrio homeostático?

Saber cómo restablecerse da mucha seguridad. Porque estresarse no implica tener que permanecer estresado. Es posible invertir el impacto del estrés y los traumas.

Si le das la oportunidad, el cuerpo empieza a disolver de forma automática la tensión acumulada y recupera el bienestar.

¿Cómo restablecemos nuestro equilibrio?

La pregunta es: ¿cómo proporcionar al sistema nervioso la mayor capacidad de recuperación y restablecimiento posible? ¿Qué herramientas y técnicas le permitirán aprovechar al máximo su tiempo y energía?

Existen muchas formas de recuperar el equilibrio, pero actúan en distintos niveles. Aquí algunos ejemplos:

En el nivel físico — Hacer

- Sauna
- Inmersión en frío
- Yoga
- Pilates
- Natación
- Caminar
- Técnicas de respiración

En el nivel mental — Pensar

- Prácticas de *mindfulness*
- Técnicas de atención plena o concentración
- Contemplación
- Escuchar música o cantar
- Visualización

En el nivel de la conciencia pura — Ser

Estilos de meditación de autotrascendencia automática:
- Meditación védica
- Meditación trascendental
- Meditación Sahaj Samadhi

Restablecimiento profundo

Aunque hay muchas vías para recuperar el equilibrio, quiero resaltar los factores más relevantes para la capacidad de recuperación:

— ¿A qué nivel eres capaz de calmar tu sistema nervioso?

— ¿En cuánto tiempo?

— ¿Con qué frecuencia?

Dado que el Ser es la base de todo, cualquier práctica que la proteja repercutirá en los otros niveles derivados de ella: pensar y hacer.

La meditación es la herramienta definitiva para reducir la excitación del sistema y acceder diariamente a un estado de menor agitación.

La técnica definitiva para conectar con tu esencia

Es posible tener destellos fugaces de nuestra esencia en los breves espacios de silencio entre pensamientos o en esos brotes espontáneos de alegría que emergen desde dentro. Sin embargo, estas experiencias son efímeras y, con frecuencia, quedan opacadas por el ruido del mundo. En lugar de depender de momentos fortuitos e impredecibles, necesitamos aprender a experimentar este estado de forma sistemática y fiable. Como veremos, la capacidad de aquietar la mente y el cuerpo y reconocer la quietud fundamental que existe en nuestro interior tiene múltiples beneficios.

La meditación es la técnica más efectiva para acceder a este estado de forma sencilla, regular y constante.

Cuando aprendí a meditar en 1997, esta práctica era minoritaria y no estaba tan extendida como ahora. Hoy en día está por todas partes, y está avalada por numerosos estudios científicos que demuestran sus beneficios. Hay quien escucha meditaciones guiadas a través de una aplicación en su móvil. Algunos consideran meditación el mero hecho de sentarse o pasear por la naturaleza. Para otros, significa intentar fijar la mente en una imagen concreta o concentrarse en la respiración. También puede ser una forma de oración o devoción, mientras que para otros puede ser un proceso de observación de sus pensamientos para volver al momento presente.

De una forma u otra, cada vez más personas sienten la necesidad de sentarse en quietud y estar en paz y armonía con el mundo.

Diferentes enfoques proporcionan distintos resultados

Aunque el objetivo común es alcanzar un estado de quietud mental, no todos los estilos de meditación son igual de efectivos. Así como se puede empezar desde niveles muy distintos, también los resultados serán diferentes en función del enfoque que se adopte.

Por ejemplo, la práctica de meditación caminando opera a nivel físico. Por supuesto, tendrá algún efecto en los niveles más profundos de la mente y la conciencia, pero resultará especialmente útil en los casos de mayor agitación corporal.

La práctica de la atención plena se centra directamente en el nivel de la mente, que, aunque no esté tan inquieta como el cuerpo, es presa de la actividad incesante del pensamiento.

Luego está la autotrascendencia automática, una técnica de meditación que te lleva al nivel del Ser. Sus efectos son muy distintos. Al trascender —es decir, ir más allá del cuerpo inquieto y el ruido mental— esta meditación nos permite acceder al nivel más profundo de la conciencia. Cuando trabajamos desde este estado fundamental, obtenemos una poderosa herramienta para restablecer las capas externas de la mente y el cuerpo.

Como mencioné en la introducción, la autotrascendencia automática es el estilo de meditación que practico y enseño. La llamamos meditación védica. Proviene del conocimiento védico milenario de la antigua India. A pesar de ser una de las técnicas de meditación más antiguas, la practican millones de personas de todo tipo de perfiles.

¿Qué es la meditación védica?

Es una sencilla técnica mental que se practica sentado cómodamente con los ojos cerrados y la espalda apoyada. Consiste en repetir en silencio una breve frase llamada mantra (volveremos a ello en la página 53). Según lo vas repitiendo, la mente se va sosegando. A medida que el pensamiento se aquieta, el cuerpo entra en un estado de reposo profundo. Tras unos veinte minutos, sales lentamente de la meditación sintiendo claridad mental, equilibrio emocional y descanso físico. Se suele practicar dos veces al día: antes del desayuno y antes de la cena.

Se trata de un proceso fácil y sencillo. No tienes por qué cambiar tu estilo de vida ni adoptar un determinado sistema de creencias o un nuevo planteamiento vital.

No hay cánticos, collares de cuentas ni música de fondo, y no requiere conexión a Internet. Puedes meditar en el tren, en el sofá o en la oficina: dondequiera que puedas permanecer sentado y con los ojos cerrados de forma segura.

Es una técnica al alcance de todo el mundo. No tienes que pasarte varias horas al día sentado ni retirarte a un bosque durante una semana. Al contrario: tomarte unos minutos al día para renovarte te proporcionará más energía y claridad para afrontar tu día a día.

Permíteme insistir una vez más: esta técnica es diferente de la idea que mucha gente tiene de la meditación.

El mayor malentendido sobre la meditación

Es importante abordar este tema desde el principio, porque es posible que al ver la palabra *meditación* pongas los ojos en blanco.

> *«Huy, no. Yo no soy capaz.»*
> *«No puedo silenciar mi mente inquieta.»*
> *«Tengo el cerebro disperso y mi mente no para de dar vueltas.»*
> *«No puedo estar quieto tanto tiempo.»*

El mayor malentendido acerca de la meditación es que es difícil y que cuesta mucho aquietar una mente inquieta y ruidosa.

Hagamos una pequeña prueba

Cierra los ojos y observa tu respiración. Ahora deja de pensar durante un momento. Quiero que durante sesenta segundos dejes de pensar. No pienses en nada durante ese tiempo.

¿Cómo ha ido?

Como era de esperar, los pensamientos no han cesado. Ya hemos visto que para la mente lo más natural es pensar. Tu mente no sabe estar activa sin pensamientos. En cuanto intentas eliminarlos, se disparan. «Deja la mente en blanco» es un pensamiento. Igual que «Ay, no, no tengo que pensar». En seguida te encuentras atrapado en un bucle frustrante. Al intentar alejar los pensamientos continuamente, te surgen más: justo lo contrario de lo que pretendías.

— Luchar contra los pensamientos es inútil.

— Cuanto más lo intentas, más ruido genera la mente.

— Cuanto menos lo intentes se irá calmando.

Cuando comprendes la tendencia natural de la mente y trabajas con ella, la meditación resulta fácil. Si puedes pensar, puedes meditar.

Veamos cómo la meditación puede llevarte a ese estado de plenitud en lo más profundo de tu ser.

Cómo conectar con tu esencia a través de la meditación

Imagina que estás mirando al mar desde las rocas. La superficie del agua está agitada, cubierta de olas de espuma azotadas por el viento. Te zambulles en el agua y, al sumergirte bajo las olas, todo empieza a calmarse de inmediato. A medida que desciendes, todo se vuelve más tranquilo y apacible hasta que tocas el fondo del mar. A tu alrededor reina la calma.

Así funcionan las distintas capas de la mente. Como el océano, las capas conscientes y superficiales de la mente están ocupadas y activas. Los niveles más profundos son progresivamente más sutiles y refinados hasta alcanzar el núcleo de la mente: la calma absoluta, profunda y serena.

— En general, pensar es como nadar en la superficie de un mar embravecido.
— Meditar es sumergirse en las profundidades.
— El Ser se experimenta en lo más profundo de la mente como si descansaras en el fondo del mar.

No es que la meditación cree ese estado del Ser o genere un nuevo estado de conciencia. La meditación es una técnica que permite dirigir la mente hacia el interior de forma natural y sin esfuerzo para revelar una realidad interior que ya está ahí, en lo más profundo.

Dirigir la mente hacia el interior

Los pensamientos nacen en el nivel más profundo de la conciencia, en una capa tan sutil que la mente común ni siquiera puede detectarla de forma consciente. Después, cuando emergen a un nivel más consciente y superficial, la mente los reconoce y nos percatamos de su existencia.

Este proceso se invierte en la meditación védica: la mente se dirige hacia el interior, lejos de las ruidosas capas superficiales del pensamiento y hacia estratos cada vez más sutiles, hasta llegar al origen de todo pensamiento: el Ser. Entonces se alcanza un estado de conciencia sin pensamiento.

¿Cómo se puede trascender el pensamiento?

Repasemos lo que sabemos hasta ahora:

— Para superar del ruido mental necesitamos quietud; el silencio es el segundo elemento.

— La mente está constantemente pensando y buscando cómo mejorar el momento presente.

— No se puede forzar a la mente a estar en calma.

Por lo tanto, debemos trascender el pensamiento trabajando con la naturaleza de la mente en lugar de luchar contra ella.

Tratar de controlar la mente no funciona

El error más común acerca de la meditación es que hay que intentar detener los pensamientos forzando a la mente a un estado de quietud. Seguramente habrás escuchado una metáfora muy utilizada al respecto, que refuerza este malentendido: la «mente de mono». Se asume que la mente es como un mono hiperactivo, saltando de rama en rama de manera aparentemente aleatoria y caótica. Desde esta perspectiva, la solución sería domar o controlar la mente inquieta, lo que lleva a prácticas que requieren mucha concentración, esfuerzo y trabajo duro.

Pero la mente no funciona de esa manera. Se mueve por una razón: busca algo que le brinde una mayor satisfacción.

En lugar de intentar controlarla, le damos lo que desea: la promesa de una felicidad mayor. Aquí es donde entra en juego el mantra.

Cómo dirigir la mente hacia el interior con el mantra

En la meditación védica ofrecemos a la mente un pensamiento que le resulta intrínsecamente fascinante. Se trata de un pensamiento o vibración muy particular: el mantra. *Mantra* es un término sánscrito derivado de dos raíces: *manas*, que significa 'mente', y *tra*, que significa 'vehículo' o 'instrumento'. Un mantra es, literalmente, un «vehículo de la mente», una vibración que provoca el efecto de dirigir la mente hacia pensamientos más sutiles.

En la meditación védica usamos una clasificación específica de mantras llamada *bija mantra*, que significa 'semilla'. Los diferentes *bijas* tienen una cualidad vibracional que se alinea y resuena con la naturaleza esencial del meditador y atrae su atención. No todo el mundo tiene el mismo mantra. Un maestro debidamente formado asigna el mantra correcto a cada persona basándose en una serie de criterios básicos. Aunque se trata de un proceso sencillo, es sutil y requiere la presencia física del profesor para elegir y personalizar el mantra adecuado.

Una vez aprendido, basta con repetir el mantra en silencio sin forzarlo. El mantra incorpora un mecanismo de autorreflexión. Espontáneamente, se vuelve cada vez más silencioso, más tenue y más sutil. Poco a poco, atrae a la mente hacia él.

La dicha del Ser

A la mente le fascinan estas capas más silenciosas y a medida que el mantra se suaviza, la mente lo sigue. Cuanto más tenue se vuelve el mantra, más seductor resulta para la mente.

En muy poco tiempo, la mente se encuentra en un estado supersutil. Y esto sucede de forma automática y sin esfuerzo. El mantra lo hace por ti. Inmediatamente, el mantra se vuelve tan débil que es casi imperceptible y entonces ejecuta su truco final: desaparece. Y, por un momento, la mente se queda muda.

En ese momento habrás trascendido los pensamientos y habrás caído en un estado de satisfacción pura y serena. Un estado de dicha, una plenitud total.

En este estado, la mente nada en su plenitud y no puede concebir una felicidad mayor. Por eso los pensamientos se detienen. La mente ha alcanzado su objetivo de dicha pura y se queda en silencio.

— La dicha es el motor que te guía hacia tu esencia.
— Una vez que se experimenta esa dicha, los pensamientos se detienen.
— El silencio es fruto de esa dicha.

Primero ser; luego hacer

A primera vista, el mundo parece un caos, pero la vida no es fruto del azar. La naturaleza es sabia, y esa sabiduría se manifiesta a través de una secuencia interminable de cambios constantes. Esa evolución permanente es la responsable de que los planetas se muevan en el espacio, del ciclo de las estaciones y del crecimiento de un niño.

Liberar todo el potencial de tu mente también obedece a una secuencia.

Al construir una casa, hay que empezar por los cimientos. Del mismo modo, para alcanzar todo tu potencial físico y mental, tienes que empezar por tu esencia, esa fuente interna e inagotable de todos tus actos y pensamientos.

La eficiencia de todos tus actos se fundamenta en el poder de tus pensamientos, que a su vez depende de tu nivel de conciencia. Cuando la mente está en contacto directo con su fuente, dispone de un manantial inagotable de energía y sabiduría del que abastecerse.

Anclado en el Ser, actúa

Un arquero experto sabe cuándo soltar la flecha para dar en el blanco. No se apresura a disparar. La técnica del tiro con arco consiste en tensar la flecha con firmeza y concentración. Cuanto más se tensa la cuerda, más lejos volará la flecha.

Para dar en el blanco, primero hay que llevar la flecha en la dirección opuesta. Aunque este movimiento parece alejarla de su destino, es un paso esencial para el éxito.

Esta aparente contradicción está recogida en los textos védicos como la secuencia indispensable para el éxito de toda acción: *Yogasthah Kuru Karmani* ('Actúa siempre anclado en el Ser.').

- En primer lugar, debes estar en calma y estable, anclado en tu esencia.
- Después, lánzate a la acción.
- El éxito de esa acción depende de esta práctica fórmula de inicio.

La importancia de la experiencia directa

No basta con estudiar o leer para conocer las capas más profundas de la conciencia. Escuchar las experiencias de otras personas es una forma de aprendizaje limitada. Es como si alguien que está en la cima de una montaña describiera la vista a todos los que están abajo. Para conocer algo de verdad, hay que encontrar la manera de subir a la montaña y verlo con tus propios ojos. En última instancia, solo se aprende a través de la experiencia directa.

Meditar no consiste en pensar en cómo pensar, ni en cómo no pensar, ni en pensar solo en ciertas cosas. No necesitamos más tiempo para pensar. Hay que ir más allá de eso. De hecho, el problema es que pensamos demasiado. Los pensamientos suponen un obstáculo para experimentar la paz interior de forma natural.

Pensar en tu esencia no te permitirá experimentarla. Esas decenas de miles de pensamientos que tienes cada día no te ayudan a alcanzar un estado que trasciende el pensamiento. Lo que necesitas es entrar en contacto directo con la conciencia pura e ilimitada. Y es ahí donde entra en juego la meditación.

— La vida no se reduce a *Hacer*.

— La vida no es solo a *Hacer y Pensar*.

— Una vida plena abarca la tríada *Hacer, Pensar y Ser*.

Cuando logramos integrar las tres dimensiones podemos experimentar la vida en toda su plenitud.

> **El Ser no solo está más allá de todo, sino también en lo más profundo de cada forma, como su esencia más íntima, invisible e indestructible. Esto significa que puedes acceder a él ahora mismo, en tu ser más profundo, en tu verdadera naturaleza. Pero no intentes captarlo con la mente. No trates de comprenderlo. Solo puedes conocerlo cuando la mente está en silencio. Cuando estás presente, cuando tu atención está plenamente enfocada en el ahora, puedes sentir el Ser, pero nunca podrás entenderlo con la mente.**
>
> Eckhart Tolle, autor y maestro espiritual

Pensar en el Ser en medio de la acción no funciona

Tu esencia y la acción tienen una relación simbiótica: ambas se retroalimentan. Primero debes alcanzar ese estado fundamental, y entonces estarás preparado para actuar con eficacia. A partir de ahí, todo lo que hagas puede ser una vía para canalizar esa energía innata y ese potencial creativo que buscan el modo de revelarse.

El principio del Hacer nos impulsa a pasar a la acción. El principio del Ser, en cambio, nos invita a alejarnos de la actividad y a descansar en un estado de no-Hacer. Dado que son dos principios opuestos, no los mezclamos.

Si te duchas por la mañana, te sientes fresco durante todo el día. No estás rememorando la ducha constantemente. Del mismo modo, no necesitas pensar en la meditación durante todo el día para mantener sus efectos. Meditas y luego sigues con tu actividad diaria.

Por eso no intentamos recrear la experiencia de la meditación cuando estamos en medio de una tensa reunión de trabajo. Medita por la mañana y no pienses en ello cuando estés inmerso en tu actividad: simplemente realiza tus tareas. Los beneficios de la meditación permanecerán contigo de forma espontánea y natural, no dependen de que cultives un estado de ánimo determinado para sentirte estable y equilibrado.

¿A dónde se dirige tu atención?

En su libro *El poder del ahora*, Eckhart Tolle explora la capacidad de atención. ¿Dónde se centra tu atención? ¿Está aquí, en el momento presente? ¿O se está viendo arrastrada hacia el pasado, recordando y revisando lo que podría haber sucedido? ¿Se deja seducir por un futuro imaginario, especulando sobre lo que podría ocurrir o no ocurrir?

Cuando tu mente se aleja del presente te sale caro, porque es la única realidad que tienes. El pasado es pasado. Podemos aprender de él, por supuesto, pero ya quedó atrás. Y el futuro no es más que comida basura para una mente que especula. Mientras tanto, no estamos prestando atención a lo que realmente está ocurriendo. Así es como pasamos por alto las señales de la naturaleza.

La naturaleza te está enviando señales todo el tiempo, ¿les estás prestando atención?

Te conviertes en aquello que ves

> **Lo bueno de la meditación es que te vas volviendo tú mismo.**
> David Lynch

Entrar en contacto con tu esencia de forma diaria y regular va consolidando ese estado, y poco a poco se va convirtiendo en una parte integrante de tu conciencia. Cada vez te resulta más fácil alcanzar el equilibrio y la calma interiores, incluso en medio de una intensa actividad. Con el tiempo te das cuenta de que puedes recurrir a ese espacio.

Aquí lo importante es anclarte en tu esencia para actuar. Porque meditar no significa alejarse de la vida. Todo lo contrario. Se trata de volverse más dinámico e implicarse más en el mundo que nos rodea. En realidad, solo puedes asentarte en tu esencia a través de la acción.

Veamos esta hermosa analogía para ilustrarlo. En la India rural, tradicionalmente se usaban tintes vegetales naturales para la ropa. El primer paso consistía en sumergir la tela en el tinte durante un rato para que se impregnara por completo. Después se sacaba del tinte y se dejaba decolorar al sol. Una vez seca la tela, el color apenas era visible, por lo que al día siguiente se repetía el proceso. De nuevo se sumergía la tela en el tinte y luego se sacaba para que se decolorara. Así, cada día la tela adquiría un color más intenso, ya que la alternancia de la inmersión y la decoloración permitía fijar el tinte. Hasta que llegaba un momento en que el color ya no perdía intensidad ni siquiera a pleno sol.

Durante la meditación, sumergimos la mente y el cuerpo en el «tinte» del Ser. Después, al terminar, nos volcamos en nuestras actividades, de forma que «desteñimos la tela». Luego, en la siguiente meditación, nos sumergimos de nuevo en el Ser y volvemos a salir y a hacer. Y a medida que este proceso se repite, el estado del Ser se vuelve cada vez más sólida, de modo que ni siquiera los mayores desafíos nublan esa claridad y calma interiores. Meditar con regularidad potencia ese estado. Es el ancla que nos proporciona una verdadera estabilidad: tenemos a nuestro alcance una brújula interior que constituye una base firme desde la que actuar.

Encontrar ese lugar de plenitud interior no nos inmuniza contra las penas y las pérdidas de la vida. Sin embargo, conocer este estado e integrarlo con cada sesión de meditación nos permite atravesar los desafíos sin quedar atrapados en ellos.

La intuición como guía

> **La ilusión en la que vivimos inmersos nos oculta un gran secreto: que estamos siempre conectados con nuestro verdadero yo... Nuestro yo nos envía señales a través de la intuición, la introspección y la imaginación. Nos señala la mejor forma de resolver cualquier situación. Cuanto más te acercas a tu verdadero yo, más puedes confiar plenamente en la conciencia.**
>
> Deepak Chopra, *Soluciones espirituales*

La teoría del campo unificado sugiere que existe un campo unificado subyacente en la base de todo lo que vemos en el mundo, incluidos nosotros. Este campo está vivo, impregnado de una inteligencia dinámica, creativa y en constante evolución. El campo unificado es la fuente de todas las leyes de la naturaleza que rigen la existencia y la evolución de todo en el cosmos; es un campo de orden perfecto.

El Ser es la manifestación del campo unificado de la conciencia.

Al conectar con ese aspecto universal de la sabiduría de la naturaleza, accedemos al plano de la creación. Nuestra conexión con tu esencia nos proporciona la capacidad de decidir, crear, conocer y expresarnos con seguridad.

A nivel personal, esto se experimenta como intuición, también conocida como instinto, sexto sentido o percepción sutil. Es una profunda sabiduría intuitiva que nos indica la dirección correcta en cada momento.

La intuición implica percepción sutil

Los cinco dedos son muy valiosos y cada uno desempeña una función única. Pero cuando trabajan juntos, la fuerza de mi mano se vuelve mucho mayor que la suma de sus partes.

Lo mismo ocurre con los cinco sentidos: cada uno tiene una función única y específica. El gusto, el tacto, el olfato, la vista y el oído son importantes por sí mismos. El sexto sentido es la combinación de todos ellos, y su poder es muy superior al de cada sentido por separado. Por eso la intuición te permite llegar rápidamente a una conclusión certera sobre lo que ocurre en cada momento.

La intuición es el sentido con el que se percibe algo desde un nivel más profundo que el de la mente, que va más allá de lo que se puede conocer mediante el intelecto o de lo que los sentidos individuales pueden captar. Esta capacidad cognitiva depende de tu habilidad para dirigir la atención a lo más sutil. En lugar de distraerte con el ruido externo o de encerrarte en una visión distorsionada de la realidad, adquieres la conciencia necesaria para percibir claramente lo que ocurre.

Esta intuición se manifiesta solo cuando refinas tu agudeza perceptiva hasta el punto de detectar lo que ocurre en el nivel más sutil. Descubres cierto poder de discriminación: la capacidad de desechar lo que no es relevante y de enfocarte en lo que sí lo es. Alcanzas la claridad.

Guíate por la percepción sutil

Steve Jobs dijo una vez: «Ten el valor de dejarte guiar por tu corazón y por tu intuición».

La cuestión es: ¿puedes oír esa voz interior? ¿Puedes confiar en las señales sutiles que te envía?

Como hemos visto, el catalizador de la acción es el deseo de mejorar tu experiencia actual. Incluso cuando haces algo que no te gusta, lo haces con la esperanza de alcanzar un estado mejor.

Según esto, podemos considerar el deseo como un foco de atracción, por ejemplo:

- Sientes un fuerte deseo de ir a Irlanda. Es un país que te atrae, e inmediatamente compras un billete.
- Quieres conocer un nuevo restaurante. Es un lugar atractivo que ejerce un influjo sobre ti.
- De pronto sientes el impulso de llamar a alguien. Es lo que más te atrae hacer en ese momento, y marcas su número.

Pero ¿cómo detectas lo que realmente te atrae? ¿Con cuánta precisión puedes identificarlo?

Si tu método para percibir la atracción se basa en analizarlo todo desde el nivel intelectual, vas a cometer errores.

Un error es una incapacidad para percibir con claridad, un lectura incorrecta de la realidad. Esto se traduce en una tendencia a moverse hacia algo que parece atractivo, pero en realidad no lo es. A esto lo llamo falsa atracción o atracción especulativa. La atracción especulativa es el resultado de la especulación, una historia mental que me cuento a mí mismo en lugar de utilizar un nivel de percepción más fino para captar la atracción genuina en el momento presente.

Este último punto es clave: lo que resulta atractivo ahora puede no serlo mañana.

Detectar el rumbo de una situación

El futuro nace a partir lo que ocurre en el presente. Tomamos decisiones en función de lo que podemos ver en cada momento. Cuando puedes detectar y comprender las señales sutiles que la naturaleza te brinda, puedes ver las semillas del porvenir. Cuando entiendes lo que ocurre desde una percepción sutil, tienes la clave para hacerte una idea más precisa del rumbo de los acontecimientos. Este nivel proporciona información eficaz y muy valiosa para orientarte en tus pensamientos y en tus actos.

La intuición optimiza todas nuestras decisiones y acciones

Al contrario de lo que ocurre cuando te limitas a resolver todo mentalmente, la información que te proporciona la percepción sutil es infalible. Cuanto más precisa sea tu percepción, más claridad tendrás.

Cuando eres capaz de conectar con tu conocimiento intuitivo, dejas de delegar la toma de decisiones en fuentes menos fiables o inadecuadas. En lugar de guiarte por recomendaciones externas, puedes recurrir a tu propio sentido de «lo correcto». En vez de seguir a la gran mayoría estresada, puedes emprender tu propio camino en cada momento.

> **Quizá el camino no consista en convertirse en algo. Tal vez se trate de deshacerte de todo lo que no eres para poder ser quien estabas destinado a ser.**
> Paolo Coelho

¿Qué te impide conectar con tu intuición?

Cuando los rayos del sol atraviesan un vaso de agua verdosa, la luz parece verde. A medida que el agua se filtra y se aclara, el tono verde se atenúa. Cuando el agua se vuelve completamente transparente, la luz que la traspasa es tan pura y universal como la del sol.

Del mismo modo, al purificar y refinar el sistema nervioso, aumentas tu capacidad para reflejar un grado más pleno y claro de tu esencia. A medida que se disipan las distorsiones, esta comienza a brillar con mayor intensidad. Cuanto más se purifica el sistema nervioso —como canal de la conciencia—, más puede expresar el campo intuitivo de sabiduría que reside en su interior.

Todo aquello que limite tu capacidad de experimentar la percepción sutil te impedirá confiar en tu intuición. He aquí los principales obstáculos:

— El estrés, que agita y distorsiona mental y físicamente.

— El cansancio, que conduce al embotamiento y al letargo.

— Las toxinas que se ingieren o absorben de los alimentos y del entorno.

— Los patrones de pensamiento habituales, que te encierran en comportamientos limitantes.

Aunque todos estos factores entorpecen el acceso a una percepción más sutil, hay uno que destaca: **el estrés te desconecta de tu esencia.**

¿Qué es el estrés?

Siempre que el cuerpo se enfrenta a una emergencia, o que se siente amenazado, alarmado o sometido a presión, se activa una reacción de estrés, conocida como «respuesta de lucha o huida». En ese momento de urgencia, el cuerpo se prepara para una reacción binaria: luchar o huir.

El sistema nervioso simpático controla esta respuesta de lucha o huida. Inmediatamente, el ritmo cardíaco se acelera, la presión arterial aumenta, la respiración se agita, las pupilas se dilatan, los músculos se tensan y la piel empieza a transpirar. Las glándulas suprarrenales se agrandan y empiezan a segregar cortisol. Los niveles de glucosa en sangre aumentan. El cuerpo entra en modo alerta máxima y transfiere los recursos hacia la supervivencia.

El cerebro modifica toda su actividad y destina mucha capacidad de procesamiento a otras funciones. Esto significa que los mecanismos de autocuración del organismo se ven interrumpidos. Combatir los virus no es importante cuando se está luchando o huyendo, por lo que se detiene la producción de macrófagos. La producción de células T, fundamentales para eliminar las células cancerosas, deja de ser prioritaria cuando se está estresado.

Históricamente, esta respuesta era crucial cuando estábamos en una situación de emergencia que amenazaba nuestra vida. Afortunadamente, hoy en día rara vez nos encontramos en una situación de peligro físico tan extremo. Sin embargo, las exigencias constantes y frenéticas de nuestro estilo de vida actual desencadenan un ciclo de reactividad al estrés crónico. Ya sea al conducir en medio del tráfico, al tratar con un cliente difícil, al recibir críticas en casa o al discutir con alguien en el trabajo, las situaciones cotidianas pueden desembocar en un estado de sobrecarga permanente. Está claro que esto no nos beneficia.

El impacto del estrés

En un estado de estrés crónico, la respuesta de lucha o huida no se produce. Cuando se produce un conflicto con un cliente, no le pegas un puñetazo ni sales corriendo de la habitación. Sin embargo, el efecto de esa interacción queda reprimido en tu interior. Probablemente a continuación tengas otro asunto que resolver. Como todavía te estás recuperando del incidente anterior, tu capacidad para atenderlo disminuye, y acumulas más estrés. Y así una y otra vez. Llegas al final del día en un estado de emergencia permanente (tanto si es real como si no), incapaz de conciliar el sueño y con el sistema literalmente en estado de hipertensión.

Esto desencadena una cascada de alteraciones físicas y mentales. En un estado de excitación constante, la tensión arterial sube y el ritmo cardíaco es más elevado de lo normal, lo que conlleva problemas cardiovasculares. El sistema digestivo se debilita porque los niveles de acidez en el estómago son altos, lo que genera problemas digestivos. El estrés actúa como inmunodepresor, limitando la capacidad del organismo para combatir infecciones o células cancerosas. También se acumula más grasa abdominal debido a la excesiva liberación de insulina, lo que aumenta el riesgo de diabetes, fatiga y desequilibrios emocionales. Además, puede provocar dolores de cabeza y de espalda no asociados a lesiones, dañar cromosomas e incluso destruir células cerebrales.

Pero las consecuencias de esta presión no son solo fisiológicas. El impacto psicológico puede ser devastador. Preocupación, trastornos mentales u obsesivos, depresión, agresividad e irritabilidad excesivas son las reacciones habituales de un sistema incapaz de responder adecuadamente a las exigencias de la vida. Y resulta agotador: reaccionar de forma exagerada e innecesaria repetidamente consume una enorme cantidad de energía.

El estrés es una respuesta desproporcionada a las demandas externas

El ambiente externo demanda respuestas constantemente: haz esto, arregla aquello, contesta esos mensajes, habla con esta persona, acude a aquella cita...

Cuando logramos que nuestro potencial interno cumpla con dichas exigencias, sentimos una oleada de felicidad. Se trata de una interacción satisfactoria.

Sin embargo, si se nos exige más de lo que nuestro conocimiento, energía, inteligencia, creatividad o aguante pueden satisfacer, el resultado es muy distinto. Si no conseguimos satisfacer la demanda, nos encontramos con lo opuesto a la felicidad. Entramos en la respuesta binaria de lucha o huida.

O bien intentamos luchar contra lo que nos demanda, o bien intentamos huir de ello. Si luchamos, nos mostramos hiperactivos, apresurados y agresivos justo cuando deberíamos parar, escuchar, prestar atención y obtener más información. Si huimos, en la mayoría de los casos no lo hacemos de forma literal: puede que evitemos la situación encerrándonos en nosotros mismos, apáticos e incapaces de actuar. En ambos casos acabamos haciendo lo contrario de lo que la situación requiere.

Por supuesto, las demandas no siempre son estresantes, pero todos reclaman tu atención. Lo que determina si te estresas o no es tu capacidad de adaptación y de reacción de acuerdo con la nueva situación. Entonces podrás avanzar, preparado para la siguiente.

El estrés te desconecta de tu intuición

Una reacción de estrés es una respuesta de activación. La intuición, por el contrario, implica distensión, sutileza y capacidad de percepción en las capas más sutiles de la conciencia.

Cuando te pasas la vida en un estado de hiperactividad, te cuesta más percibir con claridad tus sensaciones, lo cual obliga a la mente a intentar orientarse y resolverlo todo desde el pensamiento. Y eso no hace sino aumentar el ruido de tu cabeza, que trata constantemente de analizar, predecir y razonar en busca de soluciones. La mente se enreda en pensamientos inútiles y neurosis en lugar de liberar espacio para lo importante. Es agotador, y al final te pasa factura.

Cuando estás constantemente absorto en tus pensamientos no prestas atención a la realidad. Es más probable que elijas el camino equivocado. Con frecuencia, te ves sorprendido y en desventaja porque no percibiste lo que era evidente para alguien con una percepción más refinada.

La necesidad de un recuperar tu equilibrio a diario

El descanso es el antídoto contra el estrés. Necesitamos desconectar.

La meditación de autotrascendencia permite trascender sin esfuerzo el nivel del pensamiento y entrar en contacto con tu esencia, el estado opuesto a la reacción de estrés. El cuerpo entra entonces en un estado físico y mental controlado por el sistema nervioso parasimpático, y alcanza un descanso excepcionalmente profundo que a veces se denomina «estado de calma y apertura».

Este estado favorece la conservación de energía, el equilibrio digestivo, la reducción del ritmo cardíaco y la disminución de la presión arterial. En lugar de activarse por el miedo, esta respuesta de relajación surge de capas cada vez más profundas de disfrute, a medida que la mente se asienta en niveles de pensamiento más tranquilos y sutiles.

Así que vamos a detenernos a analizar lo que hemos tratado en esta sección. Hay muchas maneras efectivas de reparar nuestro sistema tanto a nivel físico como mental. Hemos hablado de cómo restablecernos a un nivel aún más profundo. Trabajar en el nivel del Ser tiene un impacto positivo y directo en nuestros pensamientos y acciones. Así como una ola obtiene su fuerza de una base amplia y estable, nuestras vidas logran un mayor impulso y estabilidad cuando nos asentamos sobre la base de nuestra esencia.

La herramienta más efectiva para alcanzar este estado es la meditación. En concreto, una técnica que nos permite trascender el pensamiento de una manera natural y sin esfuerzo. Porque esa es la clave de la meditación védica: que funciona porque conecta con nuestra naturaleza esencial.

He explicado cómo este tipo de meditación activa tu conocimiento intuitivo. Cuando hablo de dejarte guiar por tu «instinto», no me refiero a que haya que surfear la vida en función de tus impulsos. Como veremos en la siguiente sección, esta perspectiva vital tiene una base científica. Es crucial porque influye en cómo percibimos el mundo y, a su vez, en qué decisiones tomamos. En pocas palabras: te ayudará a saber cómo actuar.

Al operar a un nivel más profundo que el de la resolución mental, alcanzas un nivel más fiable e intuitivo. Si aprendes a confiar en la percepción sutil, vivirás de forma más consciente.

Tercera parte
La ciencia del Ser y sus beneficios

Puede que todo esto te suene un poco abstracto: la dicha del Ser, la conciencia pura, los estados de percepción sutil, etcétera. Parece maravilloso, pero ¿es algo real? ¿Cómo funciona y se manifiesta en la práctica?

Por eso vamos a explorarlo desde el punto de vista científico. Porque es real y muy evidente. La experiencia de la conexión con tu esencia se puede medir: se puede hacer un seguimiento de lo que ocurre en el cerebro y en el cuerpo cuando se alcanza ese estado de menor actividad. También es posible observar cómo ese estado te va transformando a lo largo del tiempo, repercutiendo en tu estado de ánimo, tu salud, tus niveles de energía y mucho más.

Como ya hemos mencionado, no todas las formas de meditación son iguales. Las prácticas se abordan de forma diferente y, por lo tanto, sus efectos sobre el cuerpo y la mente también son distintos. Al evaluar el impacto de los distintos enfoques, me centro en tres áreas clave:

— ¿Qué efecto produce en el funcionamiento cerebral?

— ¿Cómo afecta al estado bioquímico del organismo?

— ¿Qué nivel de profundidad alcanza el cuerpo en reposo?

En la primera parte de esta sección responderé a estas preguntas en función de la técnica de autotrascendencia automática. Una vez examinados los aspectos científicos, analizaremos algunos de sus principales beneficios. Para mí esta es la parte más importante. Porque, si la meditación no produce cambios positivos, ¿para qué hacerla?, ¿por qué sentarse con los ojos cerrados todos los días si dedicarle tu valioso tiempo y atención no te aporta beneficios? Verás que el resultado es significativo. Y merece la pena totalmente.

La base científica del Ser

La experiencia de conexión con el Ser es un estado de conciencia diferente. Por eso cada persona describirá a su manera ese estado de calma en el que se sumerge durante la meditación:

> *«Me sentía como si estuviera cayendo.»*
> *«Tenía una sensación de ligereza y alegría.»*
> *«Por un momento vacié la mente, pero al darme cuenta de que estaba pensando, salí de ese estado.»*
> *«El tiempo se me pasó volando, no era consciente de mi cuerpo ni de la habitación en la que estaba.»*

Al principio pueden ser momentos fugaces, y hay quien ni siquiera puede identificarlos porque parecen muy abstractos.

De hecho, la experiencia subjetiva durante la meditación no es un criterio para medir el valor de la sesión. Las investigaciones demuestran que se trata de un proceso único desde el punto de vista neurológico, bioquímico y fisiológico. Al conectar a un meditador a los dispositivos de medición adecuados se observa que, independientemente de cómo afirme que se siente, está mentalmente despierto y alerta mientras su cuerpo reposa en un estado más profundo que el sueño. Los científicos se refieren a ese estado como hipometabolismo consciente.

Para entender las bases científicas de este estado de alerta reparadora, debemos analizar tres aspectos: la optimización de la señal cerebral, la bioquímica de la felicidad y el descanso profundo.

La optimización de la señal cerebral

Cada pensamiento, experiencia y sentimiento se reflejan en la actividad cerebral. Y también ocurre lo contrario: cada cambio neurológico conlleva una alteración en la actividad mental. Todo lo que sucede en tu cerebro influye en tu estado mental.

Tus acciones moldean tu cerebro

Antes se creía que la estructura del cerebro no cambiaba después de alcanzar la madurez. Pero actualmente los neurocientíficos calculan que alrededor del 70 % de las conexiones cerebrales cambian cada día. Este continuo recableado de las conexiones entre neuronas se denomina plasticidad neuronal. La estructura cerebral no es fija y estática, sino maleable, por lo que se remodela constantemente en función de las experiencias vividas.

La experiencia de contemplar los fuegos artificiales en una noche festiva afecta a tu cerebro; esa oleada de actividad deja una huella en los circuitos neuronales. Esto ocurre a cualquier edad: tengamos cuatro años o noventa y cuatro, conservamos la capacidad de fortalecer esas conexiones. Estudiar otro idioma, aprender a tocar un instrumento musical o memorizar 25.000 calles y lugares emblemáticos de una ciudad como hacen los taxistas (lo que solemos llamar «conocimiento») son actividades que requerirán distintas activaciones neuronales, con lo que la red dendrítica se ampliará y la conectividad del cerebro aumentará.

Precisamente este fenómeno explica por qué la experiencia regular y constante de conexión con tu propia esencia durante la meditación optimiza el rendimiento cerebral.

A continuación veremos los cambios cruciales que se observan en quienes practican meditación trascendental cuando se sientan con los ojos cerrados para meditar.

Ondas cerebrales alfa

Como ya he mencionado, la actividad eléctrica de las ondas cerebrales se puede medir mediante un electroencefalograma. Las investigaciones demuestran que los distintos patrones de ondas están asociados a diferentes niveles de funcionamiento cognitivo. Las ondas delta son claros indicadores del sueño, momento en que el cerebro se recupera de las actividades del día. Las ondas theta se observan en un estado de conciencia entre el sueño y la vigilia. En las prácticas de autotrascendencia automática se observa que los meditadores presentan un nivel muy alto de ondas alfa, las cuales se asocian a un estado despierto, relajado y sin ansiedad.

Sincronización de los hemisferios cerebrales

Otro cambio significativo es el orden y la coordinación entre las distintas partes del cerebro, en particular entre los hemisferios izquierdo y derecho. El hemisferio derecho se suele asociar al aspecto artístico e intuitivo de una persona, y se considera responsable de la generación de las ideas no verbales, la percepción espacial y la capacidad de síntesis. El hemisferio izquierdo, por su parte, está relacionado con el pensamiento lógico, analítico y verbal.

En la mayoría de las personas, los dos hemisferios cerebrales no están equilibrados, ya que uno de los dos, ya sea el derecho o el izquierdo, tiende a ser más dominante.

Además, lo más frecuente es que las ondas cerebrales en las distintas regiones del cerebro sean aleatorias y desordenadas. Los pacientes psicóticos presentan patrones mucho más desordenados y descoordinados. Así pues, tiene sentido que una señal cerebral más sincronizada y ordenada genere pensamientos y acciones más creativos y eficaces.

Los estudios neurocientíficos que se han realizado con meditadores revelan momentos de actividad sincrónica en distintas partes del cerebro. Se cree que estos picos de coherencia se correlacionan con momentos de trascendencia o contacto con el Ser. En concreto, las ondas cerebrales de ambos hemisferios empiezan a dispararse de forma sincronizada y a cooperar mejor entre sí. Esto tiene un impacto significativo en la creatividad: la mayor coherencia entre los dos lados del cerebro activa su funcionamiento complementario, lo que mejora el proceso creativo.

Activación de la corteza prefrontal

La meditación activa la parte frontal del cerebro, conocida como corteza prefrontal. Esta área es responsable de las funciones de procesamiento ejecutivo de orden superior que intervienen en la toma de decisiones, como la organización, la planificación, la evaluación, la elección entre opciones y la evaluación de riesgos. Por eso se la suele llamar «el CEO del cerebro». Asimismo, este centro es responsable del funcionamiento de los controles motores que regulan el movimiento.

La coordinación entre los hemisferios izquierdo y derecho también se produce entre la parte frontal y posterior del cerebro. Las ondas cerebrales alfa se propagan hacia delante siguiendo un patrón sincrónico hasta la zona frontal, lo que da lugar a una señal cerebral más coherente en general. Esta sincronización global sugiere que una mayor coordinación entre la mente y el cuerpo mejora la síntesis entre el pensamiento y la acción.

Aumento del oxígeno en el cerebro

El oxígeno es vital para el funcionamiento óptimo del cerebro. Aunque el cerebro solo supone alrededor del 2 % del peso corporal, consume el 20 % del oxígeno que ingiere el organismo. Si se reduce el suministro de oxígeno, la función cerebral disminuye. Si se interrumpe durante más de unos minutos, el cerebro empieza a deteriorarse de forma irreversible.

Dos de los factores más comunes que contribuyen a la reducción de oxígeno cerebral son la vejez y la hipertensión. Si las arterias que van hacia la cabeza se obstruyen por acumulación de grasa, el funcionamiento mental puede verse gravemente afectado. Un estudio realizado en pacientes de edad avanzada reveló un aumento considerable en su coeficiente intelectual cuando limpiaron sus arterias. Además, las mediciones de su personalidad mostraron una reducción sustancial de la ansiedad, la angustia y la desorientación.

Durante la meditación trascendental, los patrones de flujo sanguíneo son significativamente más altos en las áreas ejecutivas y de atención, y considerablemente más bajos en las áreas de excitación. En definitiva, la mejora del funcionamiento mental es evidente.

En conclusión:

— La forma se adapta a la función: lo que haces con tu cerebro lo cambia.

— La meditación optimiza y delimita la señal cerebral.

— Los efectos se potencian y estabilizan con el tiempo.

Como veremos, el rendimiento cerebral optimizado que se observa en determinados lapsos durante la meditación repercute positivamente en todos los aspectos del funcionamiento mental, y se incrementa con el tiempo.

Bioquímica de la felicidad

> **Pensar es practicar la química cerebral.**
> Deepak Chopra

La doctora Candace B. Pert es una de las principales referentes en el estudio de la conexión mente-cuerpo. En vez de verlos como elementos separados, los concebía como una «red de información» interconectada. Sus investigaciones pioneras revelaron que cada pensamiento y cada emoción generan una serie de cambios bioquímicos que se propagan por todo el cuerpo.

Estas sustancias que actúan como mensajeros químicos se llaman neuropéptidos y neurotransmisores. Recorren todo tu cuerpo, transmitiendo señales a sus 50 billones de células. Por ejemplo:

«¡Atención, ese coche se acerca demasiado!»

En ese momento, el cuerpo recibe una alerta general:

«¡Peligro inminente!»

Basta un solo pensamiento de amenaza para que estos compuestos bioquímicos desencadenen una respuesta fisiológica inmediata.

Corazón: Bombea más rápido.
Digestión: Aumenta los niveles de ácido y elimina los alimentos no digeridos.
Sistema inmunitario: Suspende la lucha contra los virus y aumenta los anticuerpos.
Glándula pituitaria: Más sustancias químicas para el estrés.
Glándulas suprarrenales: Más cortisol.

Supongamos que el tráfico se despeja y las cosas se calman. Te empiezas a sentir bien, seguro y feliz. Los mensajes de los neurotransmisores cambian, y también lo hacen todas las células, órganos, huesos y músculos del cuerpo. Ahora los avisos son opuestos a la reactividad al estrés, y el flujo de neurohormonas es equilibrado, positivo y nutritivo.

Estas diferentes sustancias químicas traducen constantemente la experiencia consciente a estructuras y estados físicos. Cuando te cambia el humor, tu cuerpo entero no solo experimenta lo que está pasando, sino que, literalmente, se convierte en ello.

En resumen: eres lo que piensas. La conciencia se encarna en el cuerpo. Así pues, echemos un vistazo a la bioquímica de tu esencia.

Niveles de lactato en sangre

El lactato en sangre está asociado a la ansiedad y al estrés: los pacientes con hipertensión tienden a presentar concentraciones elevadas de lactato en el flujo sanguíneo. El ácido láctico es una hormona del estrés que se produce como consecuencia de un tipo de metabolismo menos eficiente llamado metabolismo anaeróbico.

En los últimos 100 metros de una carrera, un corredor de larga distancia exige al máximo su cuerpo, y sus células, al no disponer de suficiente oxígeno, activan el metabolismo anaeróbico. Esto provoca una acumulación de ácido láctico. Si este proceso se repite con frecuencia, puede tener efectos negativos en la salud.

Cuando en los años 70 comenzaron las investigaciones sobre la meditación trascendental, uno de los primeros hallazgos fue que los niveles de lactato en sangre disminuían significativamente durante la práctica. Lo interesante es que ese efecto se prolongaba un tiempo después de la sesión. Junto con otros factores, los investigadores concluyeron que esta disminución apuntaba a un estado de relajación profunda.

La bioquímica de la dicha del Ser

Se trata del estado opuesto a la bioquímica de respuesta al estrés. Cuando nos sentimos amenazados y atacados, se activan y se liberan las sustancias químicas del estrés: cortisol, adrenalina y noradrenalina.

Al meditar con regularidad, interviene una mezcla muy diferente de neurotransmisores que actúan como un cóctel bioquímico de bienestar.

Se trata de sustancias endógenas producidas de forma natural para sentirse seguro y bien, como las endorfinas, la serotonina y la dopamina. Es importante destacar que la neuroquímica de la felicidad y la química de la sanación están alineadas.

Descanso profundo

A mis clases de meditación suelen venir personas que sufren problemas de sueño desde hace mucho tiempo. Sus niveles de energía son persistentemente bajos y les cuesta conciliar el sueño. Cuando al fin lo logran, les dura poco y se despiertan varias veces por la noche con la mente acelerada. Así que cuando suena el despertador les cuesta mucho salir de la cama y tienen que tomar estimulantes para aguantar durante el día.

A mí me ocurría lo mismo antes de empezar a meditar. Incluso cuando creía haber dormido bien, postponía la alarma una y otra vez y no quería salir de la cama. Y luego, a mediodía, estaba agotada y necesitaba reactivarme con azúcar y cafeína para vencer el bajón de después de comer.

La meditación revirtió esa situación. A los pocos días de terminar el curso me sentía con más energía, dormía bien y me despertaba llena de vitalidad. Y cuanto más meditaba, más energía tenía. Esto es algo que mis alumnos mencionan una y otra vez. Aquí está el testimonio de uno de ellos sobre el cambio que experimentó al aprender a meditar:

«Tengo mucha más energía. Ya no siento altibajos, sino una serenidad constante, y también mi estado de ánimo se ha estabilizado. Además, los días se me hacen más largos (en el buen sentido). Creo que esa serenidad constante me permite hacer más cosas.»

El descanso es el mecanismo que permite la acción

El descanso y la actividad se alternan de forma natural en la vida. El invierno es una etapa de repliegue sobre uno mismo, mientras que en primavera la naturaleza se entrega al dinamismo y al crecimiento. Cada día incluye un período de sueño que te prepara para la actividad del día siguiente. Del mismo modo, una fibra nerviosa no puede transmitir impulsos de manera continua; necesita pausas para restablecerse. Este equilibrio rítmico entre el descanso y la acción es una constante en la naturaleza.

No eres una máquina que funciona ininterrumpidamente durante décadas. Sentirte descansado repercute en la calidad de todo lo que haces. Tu descanso es el mecanismo que sostiene y alimenta tu actividad.

La tasa metabólica cae en picado

Una de las formas más efectivas de determinar el estado general de reposo de un sistema consiste en medir su consumo de oxígeno, es decir, la velocidad a la que el organismo metaboliza la energía. Como principal combustible del organismo, la tasa de consumo de oxígeno está ligada a un equilibrio fundamental entre oferta y demanda. A medida que la actividad aumenta, la demanda de oxígeno sube y la tasa metabólica se eleva. Si la demanda disminuye porque haces menos, la necesidad de oxígeno baja.

Durante la meditación de autotrascendencia automática, el consumo de oxígeno desciende a niveles más bajos incluso que durante el sueño. Y esta caída se produce rápidamente: a los cinco minutos de cerrar los ojos, el nivel de descanso es superior al que se experimenta después de muchas horas de sueño.

La respiración y el ritmo cardíaco se ralentizan

A diferencia del estado de hiperexcitación en el que te sume el estrés, tu ritmo cardíaco y tu respiración se ralentizan durante el descanso. La meditación lleva este proceso de descompresión a un nivel completamente superior. Los estudios demuestran que la frecuencia cardíaca de las personas que meditan disminuye en cinco latidos por minuto de media, y el gasto cardíaco (la cantidad de sangre que el corazón bombea) también desciende hasta un 25 %. Dada la reducción de consumo de oxígeno, no es de extrañar que la respiración también se ralentice.

Es importante señalar que la meditación no priva al cuerpo ni al cerebro del oxígeno vital. El nivel de oxígeno disponible en el torrente sanguíneo se mantiene normal, solo que las necesidades del cuerpo disminuyen.

Aumento de la resistencia de la piel al estrés

La respuesta galvánica de la piel (GSR) mide la facilidad con la que una corriente eléctrica atraviesa la palma de la mano. Cuando estás nervioso o ansioso, sudas más, lo que facilita la conducción eléctrica y reduce la GSR. En cambio, cuando estás relajado y la piel está seca, la resistencia eléctrica aumenta. Se ha observado que quienes practican la meditación y logran trascender el pensamiento muestran un incremento significativo en la resistencia de la piel (hasta un 250 %), lo que indica un profundo estado de descanso y relajación.

Pero esto no solo ocurre durante la meditación. Los meditadores se recuperan más rápido después de enfrentar un desafío. Un estudio analizó su respuesta ante el sonido de uñas arañando una pizarra. Los no meditadores mostraron la esperada caída en la GSR y tardaron unos cinco minutos en volver a la normalidad. Los meditadores, en cambio, se recuperaron mucho más rápido, y aquellos con años de práctica ni siquiera reaccionaron al ruido desagradable, lo que demuestra cierto grado de resiliencia y ecuanimidad ante un estímulo estresante.

Los beneficios de conectar con tu esencia

No practicamos meditación para meditar mejor. Meditamos para vivir mejor.

Aquí tienes algunos beneficios clave de tomarte un momento cada día para aquietar el sistema nervioso y conectar con tu esencia.

Máximo potencial mental

Imagina que estás a punto de cruzar la calle y, de repente, un coche frena en seco y se detiene a pocos centímetros de ti. Se te acelera el corazón y empiezas a sudar. Las sustancias químicas del estrés inundan tu flujo sanguíneo. Estás preparado para luchar o huir, aunque el peligro ya haya pasado. Sigues caminando, pero ahora tu cuerpo arrastra las secuelas de ese acontecimiento estresante. Tus sentidos han registrado todo lo ocurrido y esas impresiones se han almacenado en tu organismo.

Un par de meses después estás sentado en el parque charlando con un amigo cuando oyes el frenazo de un coche cerca de ti. El sonido te recuerda el suceso anterior y dispara todos los recuerdos almacenados. Se activan las mismas respuestas de estrés: se acelera el ritmo cardíaco, las sustancias químicas del estrés entran en el flujo sanguíneo, aumenta la ansiedad, etcétera. Tampoco hay peligro esta vez, pero el cuerpo no lo reconoce. Sufre una reacción innecesaria basada en los recuerdos de estrés almacenados, llamados compromisos cognitivos prematuros (CCP). Tu cuerpo está programado para responder como si estuviera reviviendo aquella situación, y esos recuerdos consumen parte de tu capacidad mental.

Se calcula que a los veinte años habrás acumulado decenas de miles de estos patrones de reacción automática. Esto explica, en parte, por qué los neurocientíficos creen que la mayoría de las personas solo aprovechan una pequeña parte de su capacidad mental. Cuando una gran cantidad de tu energía se gasta en procesar respuestas automáticas a situaciones pasadas que ya no tienen sentido en el presente, pagas un precio por ello.

Así pues, el estrés es algo más que una reacción desproporcionada a la demanda inicial. También es perjudicial la forma en que el cuerpo retiene impresiones del contexto en el que se dio esa respuesta aguda. La versión extrema de este fenómeno es lo que se conoce como trauma o trastorno de estrés postraumático (TEPT).

El descanso profundo que se obtiene con la meditación libera el estrés en el nivel más profundo. Eso permite desprenderse del legado innecesario de acontecimientos pasados y recuperar una valiosa capacidad de procesamiento mental.

Incremento de energía

El cansancio es muy costoso.

- Es imposible tomar buenas decisiones cuando estás exhausto.
- La creatividad y la innovación no florecen cuando estás agotado.
- La paciencia y la generosidad se desvanecen cuando el cansancio se apodera de ti.

Cuando tienes energía, tus acciones tienen mayor impacto. Cuanto más descansado estés, mejor te sentirás y actuarás con mayor eficacia. Y dadas las exigencias de nuestra acelerada vida, no basta con unas pocas horas de sueño de mala calidad.

Si te despiertas constantemente o no descansas lo suficiente, tus escasas horas de sueño nocturno se verán sometidas a una gran presión. La ansiedad por no poder conciliar el sueño sobrecarga el sistema y genera más tensión. Entonces se crea una espiral negativa y lo que necesitas (un descanso profundo y nutritivo) se vuelve más difícil de alcanzar.

La meditación no sustituye al sueño: dormir bien es fundamental para la salud. Además, el descanso genera descanso: la meditación descarga la tensión, por lo que permite que el sueño sea realmente reparador. Muchos meditadores afirman que, con el tiempo, duermen menos horas y tienen más energía.

Una meditación de veinte minutos no es una siesta. Al meditar, la mente está plenamente consciente, al contrario de lo que ocurre durante el sueño. Esta combinación única de descanso profundo y lucidez mental hace que al concluir la meditación te sientas más despierto, no adormilado o embotado. Estás listo para emprender cualquier actividad con la energía renovada.

Creatividad

Yo concibo la creatividad en un sentido amplio. No me refiero solo a actividades artísticas como pintar un cuadro o componer una partitura, sino que considero cualquier actividad como expresión de un proceso creativo, porque la creatividad es la causa de todo cambio, y el cambio es constante. La creatividad es clave en la vida. Está presente por todas partes, en todo momento.

Hay dos tipos de innovación. Puede consistir en crear algo completamente nuevo, único y nunca antes visto, o ser el resultado de conocimientos, formas y fenómenos ya existentes pero combinados de una manera nueva y original.

¿Cuándo se te ocurren las mejores ideas? Apuesto a que no es cuando estás nervioso, agotado y cansado. Es más bien cuando estás en un estado tranquilo y relajado cuando te viene a la cabeza una idea o una intuición, como de la nada. Las historias de los grandes inventores, creadores y artistas demuestran la importancia de la calma y la estabilidad mental como prerrequisitos para la inspiración, ya se trate de Arquímedes, que descubrió el principio de la flotabilidad de forma espontánea mientras se bañaba, o de Newton, que descubrió la teoría de la gravedad sentado ociosamente bajo un árbol.

Los pensamientos son un proceso: al principio son más tenues y sutiles, y luego se van definiendo y estructurando hasta irrumpir en la superficie de la mente. En la meditación, la mente desciende a niveles cognitivos más sutiles y oníricos. Estas capas sutiles de pensamiento están menos definidas que las capas superficiales de la mente consciente. Cuando los límites del pensamiento se disuelven, aumenta la capacidad de establecer conexiones cruzadas. Por eso es frecuente que los meditadores salgan espontáneamente de la meditación con la solución a un problema o una idea sobre un asunto con el que habían estado lidiando.

La optimización de la señal cerebral cuando conectas con tu esencia es especialmente beneficiosa para el desarrollo de tu creatividad. Mientras navegas por las redes sociales, las ondas cerebrales en los hemisferios izquierdo y derecho se activan de forma relativamente aleatoria y desconectada. Pero si dejas el teléfono y comienzas a meditar, las ondas cerebrales empiezan a sincronizarse. En una meditación de 20 minutos se pueden observar múltiples momentos de coherencia máxima. Con el tiempo, este funcionamiento cerebral optimizado se estabiliza, facilitando la generación de más y mejores ideas en la vida diaria.

Buena salud

> **...el cuerpo y la mente no están separados, por lo que no podemos tratarlos de forma independiente.**
> Dra. Candace B. Pert, *Molecules of Emotion*

Cuerpo y mente están interconectados: somos lo que pensamos. Si tu forma de pensar no está en equilibrio, tampoco lo estará tu cuerpo. En muchos casos, los síntomas físicos de una enfermedad se perciben bastante tarde, pero la causa fundamental está presente mucho antes de manifestarse en la superficie.

Cualquier cambio de humor afecta a toda la fisiología. La conciencia de hoy se convierte en el cuerpo de mañana.

Sabemos que el estrés es perjudicial. Algunos profesionales de la medicina calculan que hasta el 90 % de las enfermedades tienen su origen en el estrés. Nuestro cuerpo no está diseñado para gestionar la activación crónica de la respuesta de lucha o huida que, no obstante, caracteriza la era moderna.

Con el tiempo, el estrés termina afectándote de diferentes formas:

- Alteración del equilibrio hormonal.
- Debilitamiento del sistema inmunológico.
- Trastornos del sistema digestivo.
- Valores fluctuantes de azúcar en sangre.
- Deterioro de la densidad ósea.

Cuando estás enfermo, la primera indicación del médico suele ser: «Reposo». El descanso es el máximo regenerador:

cuanto más profundo sea el descanso, más rápida será la recuperación. En este sentido, la meditación marca la diferencia. Al aquietar la mente, el cuerpo se calma rápidamente y crea las condiciones necesarias para curarse. En cada meditación se libera un cóctel específico de neurotransmisores de bienestar que son muy nutritivos para el cuerpo.

Este es el poder de conectarte con tu esencia: que tu capacidad de autorreparación se activa al entrar en contacto con la fuente de la sabiduría sanadora.

Envejecimiento saludable

Se habla mucho de cómo la genética determina la salud y la longevidad. Si bien es cierto que es un factor importante, lo principal es tu estilo de vida. ¿Sufres demasiado estrés? ¿Duermes bien? ¿Cuántas toxinas ingieres a diario? ¿Cuál es tu estado de ánimo? ¿El ejercicio que haces es eficaz en relación con las necesidades de tu cuerpo? ¿Cuál es tu nivel de actividad intelectual? ¿Tienes flexibilidad mental? ¿Cómo es tu capacidad de percepción?

La mayoría de la gente piensa en el envejecimiento en función de los años que ha cumplido. Esa es la edad cronológica. El sistema nervioso de una persona que ha cumplido cuarenta y cinco años podría no corresponderse con su edad. Para ser más precisos, es necesario conocer el funcionamiento de todo el sistema: lo que se conoce como edad biológica. Se puede obtener una estimación de la edad biológica combinando distintos biomarcadores, como la visión de cerca, la audición, la memoria, el tiempo de reacción y la presión arterial sistólica.

Un estudio publicado en el *International Journal of Neuroscience* demostró que la práctica de meditación de autotrascendencia automática ralentizaba significativamente el proceso de envejecimiento. Para realizar la comparación se tomó como referencia un amplio conjunto de datos recopilados por el servicio de salud pública de Estados Unidos. Como era de esperar, el tiempo que una persona llevaba meditando influyó en los resultados. Las personas que meditaban desde hacía al menos cinco años tenían una edad biológica doce años menor que la cronológica. E incluso los que llevaban menos tiempo meditando tenían una edad biológica más baja: cinco años por debajo de su edad cronológica.

Autogestión

En psicología se han descrito dos estilos cognitivos opuestos: la «independencia de campo» y la «dependencia de campo». Las personas dependientes de campo definen su experiencia interna en función de las circunstancias del entorno: si llueve, estoy de mal humor; si sale el sol, estoy alegre; si alguien no se fija en mí, me duele; si alguien me dice que me quiere, me siento bien.

Si creo que el mundo está pendiente de mi felicidad, creo que las cosas me suceden a mí. Yo no soy responsable: el «mundo exterior» decide por mí mis experiencias y sentimientos. A esto lo llamamos estado de dependencia de campo.

Del lado opuesto está la independencia de campo: me siento bien por dentro; estoy centrado y en equilibrio; estoy despierto y atento; me adapto fácilmente y me entusiasman los cambios. ¿Llueve? Bien. ¿Hace sol? Bien también. ¿Que no se ha fijado en mí? Bueno. ¿Quiere salir conmigo? Genial. Eso es vivir la vida en un estado de independencia de campo. Gracias a mi estado de conciencia, soy dueño de mis respuestas a lo que experimento en cada momento.

Eso no quiere decir que las circunstancias no te afecten, como si fueras por la vida sin inmutarte y desconectado de tus sentimientos. Por supuesto, cuando algo no va como quisiéramos nos afecta. La pregunta clave es: ¿hasta qué punto depende tu estado interno de lo que ocurre a tu alrededor?

Cuanto más meditas, más te acercas a la independencia de campo. Cuando sabes quién eres en el fondo te asientas en una verdad que no se ve respaldada ni amenazada por las circunstancias cambiantes de la vida. Es como echar un ancla al agua, de modo que las «inclemencias de la vida» ya no determinan tu experiencia.

Alivio de la tensión física

Hace poco enseñé a meditar a una persona que al terminar su primera sesión exclamó: «¡Es como si mis hombros hubieran bajado cinco centímetros!».

Dolor de espalda, cuello dolorido, hombros tensos, ceño fruncido, dolores de cabeza y migrañas son algunos de los síntomas cuando el cuerpo acumula tensión. Estar encorvado frente a un ordenador durante horas, conducir con tráfico denso o enfrentar críticas puede sobrecargar el sistema. Si no logras recuperarte y restablecer el equilibrio, la acumulación de tensión y rigidez queda atrapada en las células y fibras musculares. Te sientes tenso, rígido y dolorido.

Cuando se ejerce presión sobre un objeto y luego se suelta, este puede retomar su forma original o no. Si lo hace, lo llamamos elástico. Si no puede recobrarla, lo llamamos plástico. Eso es lo que le ocurre a tu cuerpo cuando se le exige algo. Si se trata de una carga mínima, el cuerpo puede recobrar su equilibrio homeostático con bastante facilidad. Pero si no puede volver a como estaba antes de que se aplicara la carga, ha superado su nivel de tolerancia y esa distorsión se almacena en las células del cuerpo. El estrés retenido en el cuerpo se manifiesta como tensión.

La distensión que proporciona la meditación es lo contrario de la rigidez y la tirantez de la respuesta de lucha o huida.

En su lugar, activamos la respuesta de relajación: disminución de la frecuencia cardíaca, de la tensión arterial, de la constricción de los vasos sanguíneos y de la tensión muscular.

Reducción de la ansiedad

Actualmente el estrés es un fenómeno crónico. Aunque siempre habrá momentos de mayor intensidad cuando experimentemos un cambio repentino en nuestras circunstancias personales (muerte, enfermedad, divorcio, etcétera), es en el día a día donde se produce el mayor impacto. El constante goteo de desafíos cotidianos desgasta mucho. Las consecuencias de no poder reponerse y recuperarse a diario hacen que el estrés se acumule, a veces sin que nos demos cuenta.

Veo esto reflejado en la ansiedad constante y sutil que muchas personas experimentan sin darse cuenta. No se trata de una reacción a un problema concreto, sino de una sensación de inquietud permanente, como un ruido de fondo que nunca desaparece. No está ligada a una amenaza real, sino que se alimenta de una acumulación de pequeños estresores cotidianos: un comentario desagradable en redes sociales, un titular alarmista o alguien que te corta el paso sin darse cuenta.

Sentir una oleada de nervios en momentos de máxima exigencia no es necesariamente negativo. Sin embargo, si los niveles de ansiedad no desaparecen, surgen los problemas. El sistema permanece en alerta máxima, preparado para el peligro. Esta ansiedad leve pero crónica está asociada al insomnio, a la sensación de infelicidad, a la disminución de la productividad y al agotamiento.

Una investigación de metaanálisis publicada en el *Journal of Alternative and Complementary Medicine* reveló que la reparación diaria que produce la meditación reduce este tipo de ansiedad. De hecho, la meditación trascendental demostró ser dos veces más eficaz para reducir la ansiedad que otras técnicas de relajación con las que se comparó.

Flexibilidad ante el cambio

El cambio es un hecho, es inevitable. Es el hilo conductor de la vida. Todo crecimiento pasa por un proceso de transformación sin el cual no puede haber desarrollo.

Si te resistes al cambio, sucederá igual, pero será un proceso de desgaste en el que las circunstancias te arrastrarán. En cambio, si fluyes con las transformaciones y te adaptas, cambiarás de forma progresiva y positiva.

La resistencia al cambio conlleva destrucción. Abrazarlo conduce al crecimiento. El proceso en sí no es negociable. O progresas o te deterioras. Es imposible no cambiar. De hecho, la adaptación creativa es fundamental para la vida. La estabilidad se consigue respondiendo al cambio.

Antes he hablado de cómo las demandas de la vida requieren que nos adaptemos. Llega nueva información y tu éxito dependerá de tu capacidad de responder a ella adecuadamente. Considera esa capacidad como una variable: yo la llamo «energía adaptativa». Es como un saldo bancario. Cuanta más energía adaptativa atesoro, más fondos de adaptación tengo a mi disposición. Si estoy cansado, estresado y enfermo, mi cuenta bancaria de adaptación se queda en números rojos y me quedo sin recursos. Así que cuando algo no va bien, no soy capaz de adaptarme, lo cual siempre genera estrés.

Meditar es como recargar tu cuenta de energía adaptativa. Cada sesión de meditación aumenta tu capacidad para afrontar los cambios con soltura, en lugar de estancarte en tu reactividad al estrés.

Felicidad permanente

> **El propósito de nuestras vidas es ser felices.**
> Dalái Lama

La felicidad es nuestro objetivo principal. El mayor de todos los objetivos. Es una brújula interna que llevamos incorporada: perseguimos la felicidad allá donde creamos que está. Nuestra mente está estructurada de tal manera que nos sentimos naturalmente atraídos por la posibilidad de ir más allá de lo conocido, de experimentar algo maravilloso.

Desde el principio emprendemos la búsqueda de la felicidad. En la infancia creíamos que la encontraríamos en un objeto o una experiencia concreta. Pero una y otra vez descubrimos que no estaba donde pensábamos. Nos dieron un juguete nuevo y en seguida quisimos la muñeca. Tuvimos un autito y después soñamos con la moto. Conseguimos un videojuego y pronto deseamos un *smartphone*. Logramos un nuevo trabajo y al poco tiempo anhelamos un ascenso. Y el ciclo continúa. Pequeños destellos de placer seguidos por el deseo de la siguiente promesa de felicidad.

En Occidente estamos bien entrenados en eso de que «la felicidad está ahí fuera». En teoría, serás más feliz cuantas más experiencias, relaciones, cosas y conocimientos adquieras. Pero ese cheque nunca llega. No alcanzarás la felicidad permanente cuando tengas unos cuantos millones de dólares en tu cuenta bancaria. Ni cuando te jubiles, ni cuando acabes tu doctorado. En este mundo en constante cambio no hay nada capaz de proporcionarnos un estado permanente de paz y plenitud. Nunca será suficiente.

Aspirar a la felicidad total es un objetivo noble. La cuestión es: ¿dónde la estás buscando?

La plenitud requiere un trabajo interior. Primero encuentra ese lugar inmutable en lo más profundo de tu ser. El contacto regular con tu esencia permite que esa reserva interior de energía y bienestar se consolide y se afiance.

Cuando has cultivado una base sólida, es momento de ponerla en acción. Lleva tu inteligencia, creatividad, resiliencia y conocimiento a los espacios donde puedan hacer la diferencia. Porque cuando logras canalizar tu potencial interno de manera creativa y efectiva en el mundo, el éxito llega. Y ese éxito no solo te beneficia a ti, sino que también impacta positivamente a los demás.

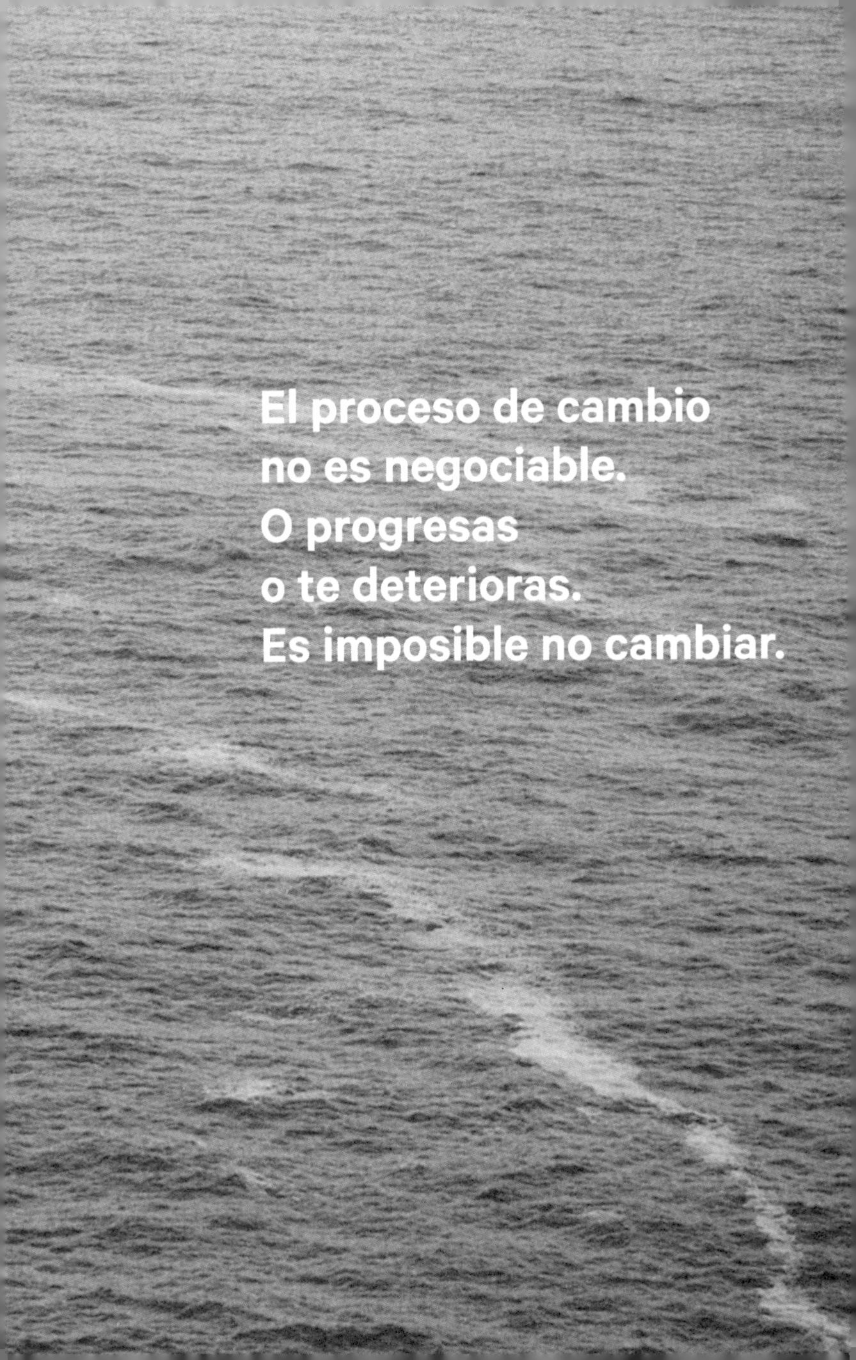

El proceso de cambio
no es negociable.
O progresas
o te deterioras.
Es imposible no cambiar.

Cuarta parte

Cómo silenciar el ruido y encontrar claridad

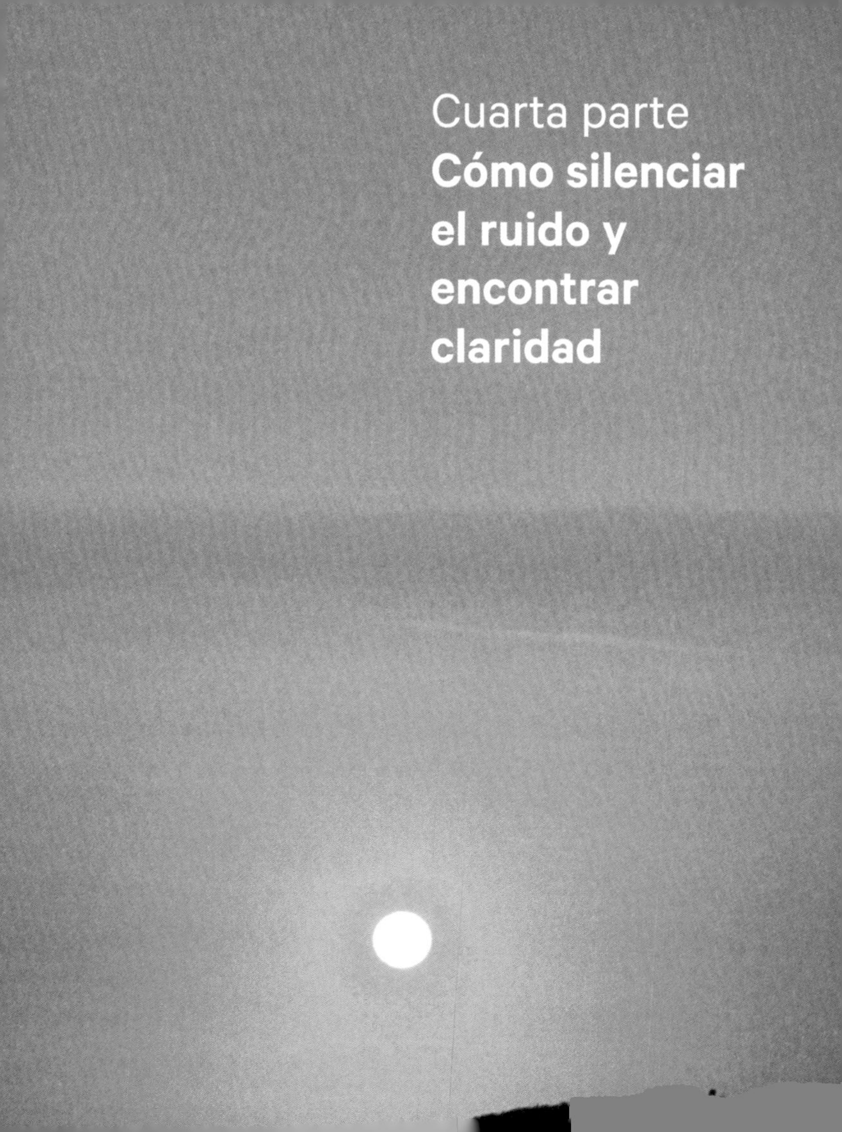

Veamos en qué punto nos encontramos. Como hemos comentado, la base científica del Ser es convincente, y demuestra que la práctica regular de la meditación aporta beneficios a muchas áreas de nuestra vida.

Una meditación de tan solo veinte minutos es muy efectiva. Cuando te embarcas en algo que puede suponer una profunda mejora, es importante hacerlo bien desde el principio. No es momento de tomar atajos. Como dije al inicio, el aprendizaje de la meditación védica es fácil y, a la vez, muy sutil. Mi consejo es que encuentres un profesor que te guste y en el que confíes, y que te animes a tomar un curso presencial.

Dicho esto, nada te impide ir introduciendo breves momentos de pausa y recuperación en tu vida. A menudo son los cambios pequeños y constantes los que provocan un impacto más significativo. Yo soy muy partidaria de tomar «pequeñas dosis, muy frecuentes». Todos estamos ocupados y, si te comprometes en exceso con una nueva rutina, puede acabar abrumándote y ralentizándote a largo plazo.

En esta última sección quiero ofrecerte formas prácticas de introducir breves momentos de reinicio en tu día. Tienen un doble propósito: por un lado, te brindan la posibilidad de recuperar el equilibrio de forma inmediata y, por otro, te abren hacia nuevas perspectivas en situaciones recurrentes de tu vida.

El poder de apagar y volver a encender

Reiniciar significa cambiar el rumbo. Cuando quieres modificar algo, no tiene sentido permanecer en el mismo camino que te llevó al punto de desequilibrio. No necesitas una transformación drástica en tu forma de vivir. Basta con que te tomes un tiempo para lo que yo llamo «apagar y volver a encender»: un instante para reubicarte con suavidad y abrir espacio al cambio. Este breve reinicio se divide en tres fases:

— **Parar y soltar:** aléjate de lo que te ha llevado a ese punto de incomodidad.

— **Relax:** suelta la tensión y busca un lugar de calma.

— **Crear espacio:** libera espacio para seguir adelante.

En el afán de sentirse mejor y generar un cambio, muchas veces se ignora la importancia de dedicarse tiempo y bajar el ritmo. Con la urgencia de avanzar y corregir el rumbo, la gente tiende a apresurarse. Queriendo escapar de una situación que no funciona, se lanzan de cabeza a lo siguiente sin haberse enraizado primero.

Hay muchas formas sencillas de introducir una breve pausa en tu día para asentarte. Algunas de mis favoritas son:

— **Apaga el teléfono durante tres horas.** No en modo avión ni en modo silencio. Apagado de verdad, con la pantalla en negro.

— **Come en un lugar tranquilo** y permanece sentado al menos cinco minutos después de terminar. Mientras comes, céntrate en la comida y en las personas con las que estás. Nada de libros, radio ni pantallas en la mesa. La pausa después de la comida proporciona a tu sistema la calma necesaria para poner en marcha el proceso digestivo.

— **Mastica bien la comida.** El simple hecho de hacer una pausa entre bocado y bocado ralentizará el ritmo, restablecerá el sistema digestivo e influirá significativamente en cómo te sientes. La medicina tradicional ayurvédica recomienda masticar cada bocado treinta veces. Puede que esto sea demasiado para ti, pero si puedes hacerlo diez veces ya supondrá un gran cambio. También ayuda apoyar el cuchillo y el tenedor en el plato mientras masticas cada bocado.

— **Haz ejercicios para estirar, alargar y extender el cuerpo.** Equilibra las actividades de mayor intensidad con otras que generen apertura y espacio. El yoga, el pilates y la natación pueden ser buenas alternativas.

— **Túmbate boca arriba con las piernas elevadas, pegadas a la pared.** Hacerlo durante solo cinco minutos repercute positivamente en el sistema nervioso. Es una de las posturas más eficaces para ralentizar el ritmo cardíaco y disminuir la tensión arterial.

— **Cuando te enfrentes a una decisión importante y no sepas muy bien qué hacer**, haz una pausa de cuatro horas. Deja de pensar activamente en ello durante ese tiempo. Cuando lo retomes, verás que puedes examinarlo desde una nueva perspectiva.

— **Sal a pasear sin distracciones.** Tómatelo como una pausa para caminar. Nada de mirar el móvil ni de escuchar música o un *podcast*. Deja que tus sentidos capten lo que ocurre en tu entorno inmediato, eliminando cualquier ruido innecesario.

— **Organiza un cajón o un armario desordenado.** Organizar y despejar tu entorno libera espacio, tanto físico como mental.

Limpieza mental

El estrés es el resultado de una sobrecarga o agitación. Al presionar y estirar una goma elástica, su estructura cambia y gana energía potencial. Luego, cuando se relaja, la energía que ha almacenado la goma se libera y esta recupera su forma original.

Por simple que parezca, en el cuerpo ocurre algo muy parecido. Cuando se acumula demasiada tensión, la fisiología se altera y la energía se almacena en forma de estrés. Al liberar ese estrés ocurre lo contrario, y la descarga de energía provoca un aumento de la actividad. Esta liberación puede experimentarse como una sensación de presión, hormigueo, calor, dolor o contracción.

La técnica de la sensación corporal es una práctica sencilla para activar el proceso de disolución de la tensión y la fatiga almacenadas en el cuerpo. Al sintonizar con el lenguaje de las sensaciones facilitas la liberación, como si deshicieras el nudo de una cuerda.

Técnica de la sensación corporal (2-5 minutos)

— Siéntate tranquilamente, cierra los ojos y acomódate. Ya sea en una silla, en el sofá o en el suelo con las piernas cruzada, lo importante es que la espalda esté bien apoyada, y tu cuerpo, relajado.

— Observa tu respiración mientras inhalas y exhalas por las fosas nasales.

— Deja que tu atención se dirija a las sensaciones del cuerpo.

— Puede que en algún lugar notes una sensación más fuerte y dominante: una opresión en el pecho, un cosquilleo en la parte superior de la cabeza o una presión detrás de los ojos.

— Dirige tu conciencia suavemente hacia esa sensación. No es necesario concentrarse o enfocarse: simplemente deja que la atención repose ahí delicadamente y sé testigo de esa sensación en el cuerpo.

— En unos instantes, esa sensación empezará a disolverse y a desplazarse, y surgirá otra que pasará al primer plano y se convertirá en la dominante.

— Deja que la atención se traslade a esta nueva sensación y ubicación: una punzada en la cadera por el ejercicio de ayer, un dolor en la nuca o un gorgoteo en el estómago.

— De nuevo, al cabo de un momento empezará a disiparse, y otra parte del cuerpo atraerá tu atención. Continúa de la misma manera.

— Cada vez que oigas un ruido o notes que te viene un pensamiento a la mente, vuelve suavemente al cuerpo y deja que tu atención se dirija a la sensación predominante en ese momento.

— Al cabo de unos minutos surgirán otros pensamientos, casi como si estuvieras soñando despierto. También es posible que notes cierta pesadez en el cuerpo a medida que el cansancio empieza a desaparecer.

— Vuelve a observar tu respiración y abre los ojos lentamente.

Reajuste del reloj corporal

Resulta muy beneficioso coordinar la rutina diaria con el patrón natural del mundo que nos rodea. Cuando estás en sincronía con los ritmos de la naturaleza, tus propios biorritmos empiezan a fluir de forma más equilibrada, lo que afecta positivamente a tus hormonas, a tu presión arterial y a tu edad biológica.

Existe una sabiduría profunda en la forma en que el cuerpo y la mente están programados para responder a las exigencias de la vida. Por ejemplo, si tu mente y tu cuerpo están bien sincronizados por la mañana, tu cuerpo segregará niveles más altos de cortisol para ayudarte a despertar. Luego, durante el día, el nivel de esta hormona del estrés disminuye para ayudarte a conciliar el sueño por la noche.

Cuando nos desequilibramos o cuando nuestros horarios se desajustan, a menudo luchamos contra esos ritmos naturales y nos sentimos tensos, malhumorados y cansados. Uno de los errores más comunes es sobreestimular el sistema nervioso cenando tarde o viendo pantallas en la cama.

Reajustar el reloj corporal es una de las formas más sencillas y poderosas de mejorar la salud física y emocional. Y es una de las más infravaloradas.

Las áreas de mayor impacto son:

— Hora de levantarse.

— Hora de comer.

— Hora de acostarse.

Cuanto más regulares sean, mejor, aunque hay que conservar cierta flexibilidad. Aunque pueda contradecir el concepto de rutina, es importante no volverse rígidos y esclavos de horarios exactos; la capacidad de adaptación es clave. No se trata de ir contracorriente ni de dejar de estar disponibles para los demás.

Tres consejos para reajustar el reloj corporal

- **Levántate cuando la naturaleza comienza a despertar.** Lo ideal son las 6 h de la mañana. Pero si por ahora ese objetivo te resulta inalcanzable, no te preocupes, puedes ir adaptándote poco a poco. Si te levantas a las 7:30 h, empieza por recortar 15 minutos y pon el despertador a las 7:15 h. Hazlo así durante unos cinco días y luego ve levantándote 15 minutos antes de forma progresiva.
- **Procura que tu comida principal sea a mediodía.** Comer mucho después de las 7 de la tarde sobrecarga el sistema digestivo, lo que no es bueno para la salud. También afecta a la calidad del sueño y genera pereza.
- **Cuanto antes te acuestes, mejor.** El objetivo es estar en la cama, listo para dormir, a las diez de la noche. Sí, a las 22 h. Pero no temas. Sé que la mayoría de la gente está lejos de ese horario. Si actualmente te acuestas a medianoche, empieza por las 23:30 h y ve adelantando la hora poco a poco. (Madrugar más también te ayudará a conseguirlo.)

Estos cambios no serán inmediatos y no todos los días será posible cumplir este horario. No te preocupes, no buscamos un cambio instantáneo. Pero cuando empieces a habituarte, notarás un efecto drástico en cómo te sientes.

Vuelve al presente

Ya he hablado antes de lo costoso que es apartar la atención del momento presente. Cuando pierdes la conexión con el aquí y ahora, tu mente se ve arrastrada en dos direcciones: hacia el pasado o hacia el futuro.

Es como conducir sin prestar atención a la carretera que tienes delante. O pasas demasiado tiempo mirando por el retrovisor, o te imaginas lo que puede haber o no a la vuelta de la esquina.

En cualquier caso, desviarte del aquí y ahora te cierra la puerta a lo importante. Si estás constantemente recordando el pasado, no estás disponible para el presente. Del mismo modo, si no dejas de preocuparte por lo que podría pasar, te pierdes la oportunidad de vivir lo que realmente está ocurriendo.

Cuando estás distraído y con la mente en un bucle, puedes recurrir a una técnica sencilla para reiniciar y volver al «ahora». La mejor forma de regresar a lo que está sucediendo es a través de los sentidos. El oído, la vista, el olfato, el gusto y el tacto son la puerta de entrada al momento presente. No puedes saborear el ayer ni oír el mañana. Los cinco sentidos solo están en el presente, así que centrar tu atención en ellos te permite salir de tu ruidosa cabeza y te sitúa aquí y ahora.

Técnica de los cinco sentidos

- Siéntate y tómate unos instantes para acomodarte.
- Empieza a respirar de forma consciente, recordándote que tienes un cuerpo, que eres más que tus pensamientos.
- Primero, céntrate en el sentido del oído. ¿Qué percibes? Durante unos veinte segundos, escucha los sonidos que te rodean: altos y bajos, cercanos y lejanos. Si hay mucho ruido, ¿puedes captar sonidos individuales, como voces, el zumbido de un ventilador de fondo o una sirena?
- Pasemos ahora al sentido de la vista. ¿Qué ves? Observa durante veinte segundos lo que hay a tu alrededor: colores, formas, texturas y sombras. ¿Puedes apreciar, quizá, distintas intensidades de luz? Juega a dejar que tus ojos abarquen todo el campo visual en lugar de centrarte en objetos concretos.
- ¿Y ahora qué olores puedes detectar? Tómate unos instantes para percibir los aromas: una comida que están preparando, el perfume de alguien que pasa por la calle, la humedad del aire, las hojas húmedas del suelo...
- Y ahora dedica un momento a percibir los sabores de tu boca: pasta de dientes, café reciente o un caramelo para la tos. ¿Es el sabor fuerte de algo que acabas de tomar o de algo más sutil que comiste hace unas horas?
- Por último, pasa al sentido del tacto. ¿Sientes la espalda contra la silla, la textura de la ropa en la piel o el roce del aire en la cara?

Al dedicar unos segundos a despertar cada sentido, vuelves a lo que realmente está ocurriendo en el momento presente.

Escríbelo

Soy una firme creyente del poder de plasmar en papel el ruido mental.

Una de mis técnicas favoritas es la rutina diaria de las «páginas matutinas» que propone Julia Cameron en su libro *El camino del artista*. La fórmula es muy sencilla: cada mañana, antes de empezar el día, siéntate y escribe en tres páginas todo lo que te venga a la mente. Son flujos de conciencia, no ensayos estructurados y gramaticalmente correctos. Su función es darte la válvula de escape que tanto necesitas para purgar el torrente de pensamientos que te impiden percibir lo que es importante y que menoscaban tu creatividad. Las páginas matutinas son desordenadas, repetitivas e inservibles. No son más que un vertedero donde desechar el ruido de tu cabeza y así liberar espacio para los pensamientos verdaderamente útiles.

Hay otra práctica de escritura que realizo a diario. Gran parte de nuestro espacio mental está lleno de «cosas que hacer»: esos asuntos organizativos cotidianos que desplazan a las tareas más relevantes.

Yo llamo a esta técnica «el plan de mañana». Lo escribo todas las noches para tener claro lo que me espera al día siguiente. Es sencillo, rápido y no requiere más que un bolígrafo, un papel y unos minutos.

Aunque tengo una buena agenda digital, siempre reescribo mi día a mano. En lugar de limitarme a imprimir la vista diaria, escribirla físicamente tiene algo de estimulante. Puede sonar contradictorio, porque parece que estás rehaciendo algo que ya está hecho. Pero es algo más que reescribir las tareas. El acto de escribirlas y plantearlas dentro de un marco temporal te permite tener en cuenta los detalles que garanticen que el día transcurra sin problemas.

Técnica de «el plan de mañana»

1. Escribe al inicio de la página el día de la semana y la fecha.
2. Anota las horas de todas las actividades, reuniones y eventos que tengas programados para el día.
3. Deja mucho espacio entre una actividad y otra a fin de anotar todo lo necesario para que esa actividad vaya bien. En mi caso, un ejemplo podría ser «16 h: Dar un curso privado». Y ahí escribo a qué hora tengo que cambiarme y recoger todo para ir a la clase. Añado a qué hora tengo que salir de casa para no llegar tarde, y todo lo que tengo que llevarme.
4. Traza una línea en el margen derecho de la página para anotar las tareas «imprescindibles» del día, como responder a un correo electrónico, enviar un mensaje o hacer un recado.
5. Si surge algo durante el día o cuando revises el plan por la mañana, añádelo, y a lo largo del día compruébalo periódicamente para no perder el rumbo.

A la derecha tienes una muestra real de uno de mis planes de mañana para que te hagas una idea de cómo luce. No es muy bonito. Suelo aprovechar un trozo de papel de reciclaje y no me importa su aspecto. Lo único que importa es que tenga sentido para mí. Me encanta porque es rápido y me permite ubicarme. Me quita de la cabeza las tareas, lo cual deja espacio para el *cómo* de mi día, en lugar de agobiarme con el *qué* de mi día.

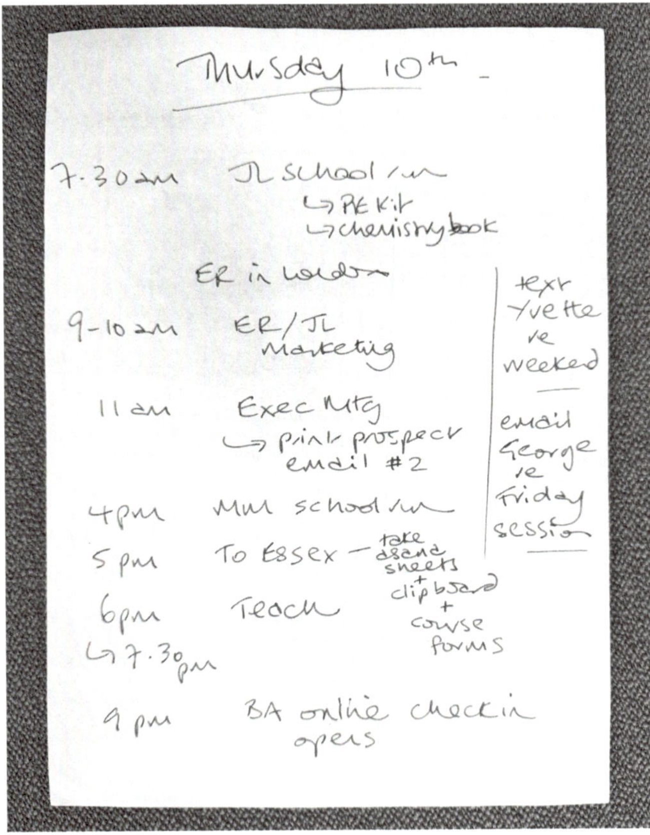

Adéntrate en lo desconocido

No hay que temer lo desconocido, sino aquello que conoces perfectamente y que se repite una y otra vez.

Rara vez se producen grandes avances cuando te encierras en los confines de tu paradigma actual. El verdadero poder consiste en posicionarse más allá de la situación para romper el *statu quo* y alcanzar una nueva perspectiva. Este viraje abre espacio inmediatamente a nuevas posibilidades.

En eso consiste el proceso creativo. Si dedicas tu energía a repetir una y otra vez las mismas dinámicas que ya conoces, estás empleando más energía en controlarlas y mantenerlas que en canalizar esa valiosa energía para innovar e inspirar.

Las leyes de la naturaleza siguen siempre una secuencia elemental:

La primera etapa del cambio es la fase de creación: iniciar, innovar, inventar, impulsar.

A esto le sigue una fase de conservación del *statu quo* el tiempo necesario: proteger, sostener, sustentar, perpetuar.

Y después viene la fase de destrucción: desmantelar los aspectos del *statu quo* que ya no sirven y aprovechar los elementos indispensables para la siguiente fase de creación.

Todo cambio sigue esta secuencia de tres fases.

Hay que tener en cuenta que cuanto más tiempo se prolongue la fase de conservación por encima de lo necesario, más doloroso será el proceso de desmantelamiento.

Una forma de evitar que esa fase se prolongue es entusiasmarse con la idea de explorar lo desconocido. Es como un músculo: cuanto más lo ejercitas, más se fortalece.

¿Qué pequeños cambios puedes introducir que te inviten a experimentar algo fresco y nuevo?

- Prueba a ir al trabajo de una forma diferente, ya sea en bici en vez de en coche, andando un trecho del trayecto o siguiendo una ruta completamente distinta.
- Dale un nuevo aire a tu rutina matutina saltándote el café de siempre y empieza el día con algo que no hayas probado nunca: ¿qué tal un batido de frutas o un té matcha con leche?
- Queda para tomar un café o para comer con alguien a quien no conozcas mucho, ya sea un compañero de trabajo, un conocido del gimnasio o un vecino.
- Durante una semana, explora nuevos hábitos mediáticos: géneros literarios diferentes y documentales o *podcasts* que cuestionen tus puntos de vista o te muestren otros distintos.
- Dedica una tarde a aprender ese hobby que siempre has tenido en mente pero que se sale de tu zona de confort, como la cerámica, la reparación de bicicletas o la repostería.
- Tómate un tiempo para explorar un barrio, una ciudad o un paraje natural que nunca hayas visitado, aunque esté a solo media hora de distancia.
- Acude a un evento que te genere cierta inseguridad, ya sea una charla sobre un tema del que no sabes nada, una actuación artística en directo o un espectáculo musical poco convencional.

Estos pueden parecer pequeños ejemplos, pero salir de lo familiar te prepara para adentrarte con más confianza en lo desconocido. No se trata solo de vivir nuevas experiencias, sino de reentrenar tu mentalidad para afrontar la incertidumbre con energía y entusiasmo.

¡Ponte en marcha!

Reiniciar es volver a centrarnos en nosotros mismos para poder pensar con claridad y tomar las decisiones correctas. Sin embargo, cuando estamos sobrecargados podemos quedarnos atascados, sin saber qué hacer o temerosos de adentrarnos en lo desconocido. La siguiente historia ilustra esta dinámica.

Un general dirigía su ejército hacia una ciudad estratégica con la intención de conquistarla antes de que llegara el enemigo. Pero en el camino se encuentran con un estrecho paso de montaña, la única ruta directa. Tomar un camino alternativo los retrasaría días, y el enemigo seguramente llegaría primero a la ciudad. La estrechez del desfiladero lo convierte en un lugar ideal para una emboscada. Inseguro y receloso de una posible trampa, el general decide esperar.

Sin que el general lo supiera, el enemigo avanzaba cada hora, acercándose más a la ciudad. A pesar de que no había señales de peligro, el general siguió retrasándose, convencido de que lo prudente era actuar con cautela. Cuando por fin ordenó a sus hombres que avanzaran, el enemigo ya había tomado la ciudad y había ganado la partida.

Si el general hubiese avanzado, habría obtenido información que no podía conseguir quedándose quieto y aferrándose al *statu quo*. Los datos que necesitaba solo podían revelarse si actuaba. Cuando se da un paso adelante, se adquieren nuevos enfoques que informan sobre lo que hay que hacer a continuación.

Subrayo este punto porque es un aspecto importante sobre lo que supone reiniciar. No se trata solo de una técnica, sino de una actitud ante el cambio y el progreso. Reiniciar es un proceso activo, cuyo agente eres tú. Si permaneces pasivo y esperas, perderás oportunidades. Como mínimo, ralentizarás tu progreso.

Cuando te sientas atascado y no sepas qué hacer, aquí tienes una forma de recuperar el enfoque y volver a avanzar:

1. Haz una pausa —«apaga y vuelve a encender»— para calmar el sistema nervioso y alcanzar el estado óptimo que te permita pasar a la acción.
2. Libera tus tensiones para que nada distorsione tu visión de la realidad.
3. Vuelve a tus sentidos y toma conciencia de lo que ocurre en este momento.
4. Avanza hacia lo que te atrae o aléjate de lo que te desagrada. Puede que sea un pequeño gesto, pero no importa. Es un paso adelante, pues movimiento es progreso.
5. Después del primer paso, observa la nueva perspectiva desde ese punto de vista renovado.
6. Mantente alerta y presta atención al siguiente paso.

El conocimiento es fruto de un proceso dinámico, no de esperar sentado. Da un paso adelante con intención, luego reevalúa y adáptate. Con cada movimiento adquieres nuevos conocimientos y un sentido más claro de la dirección. El progreso consiste en permanecer activo, atento y flexible a lo largo del camino.

Epílogo

Por supuesto, existen muchas formas de reiniciarse para restablecer el equilibrio. En mi caso, hay unas cuantas prácticas que he incorporado en mi día a día: me levanto temprano, hago suaves estiramientos de yoga y, antes de mirar el móvil, desayunar o tomar cafeína, me siento a meditar. Todo eso antes de las 6:30 h de la mañana. Y la meditación es lo más importante de todo. De entre todas las técnicas de reajuste con las que cuento, esta es la única a la que no puedo renunciar. El efecto que tiene para mí como madre, compañera, instructora, mentora y empresaria autónoma es incomparable.

Puede que estés pensando: «Bueno, esto vale para ella, que es profesora de meditación. Se dedica a estar sentada con los ojos cerrados, envuelta en una *pashmina* y oliendo a incienso». Pues nada más lejos de la realidad. Tengo una vida de lo más ajetreada: suelo trabajar 50 o 60 horas a la semana, incluidas las noches y los fines de semana. Doy clases y ponencias, escribo, viajo, trabajo como asesora y dirijo retiros. Y además hay que añadir la vida personal. Michael y yo no tenemos familia cerca, así que criar a nuestra hija es un trabajo a tiempo completo.

Y la razón por la que puedo sacarlo todo adelante, tal y como quiero hacerlo, es gracias a «reiniciar» dos veces al día con la meditación.

Esos momentos me permiten recargarme y reconectar conmigo misma como no podría hacerlo de ninguna otra forma.

Como ya hemos dicho, reiniciar es beneficioso para la salud, la concentración, el estado emocional, la creatividad y la toma de decisiones. Y es bueno para los que te rodean, porque la forma en que te muestras al mundo tiene un efecto expansivo. Cuando te sientes en equilibrio, con energía y despierto, todo el mundo se beneficia.

Por eso doy clases de meditación. En un mundo cada vez más agitado, encontrar formas de aquietarse y restablecerse es una de las cosas más importantes, generosas y significativas que podemos hacer. Incluso diría que se está convirtiendo en una de las habilidades esenciales de nuestra era.

Además de todas estas ventajas, una razón sencilla y convincente para reiniciar es que resulta realmente agradable y satisfactorio. Es como cuando reinicias tu ordenador: en cuanto lo apagas y lo vuelves a encender, funciona mejor. Cuando limpias tu casa, te sientes aliviado. Cuando te despiertas después de una buena noche de sueño, afrontas el día con otro ánimo. Por eso nos gustan los cambios de estación, el comienzo de un nuevo año o un refrescante baño en el mar.

Te animo a que pruebes las diversas propuestas que he compartido y vayas introduciendo breves pausas para reiniciar en tu rutina diaria. No te llevarán mucho tiempo y marcarán la diferencia, especialmente si eres constante. También he hablado mucho sobre la meditación védica y lo transformador que es alcanzar ese estado del Ser. Te animo a buscar un maestro para que lo intentes.

Tenemos suerte de vivir en esta época, con tantos recursos a nuestra disposición. Si este libro ha resonado contigo, sigue explorando. El hecho de que hayas llegado hasta aquí indica que estás preparado. Así que, según el espíritu de Do Books, ponte en marcha. ¡Haz algo para reiniciar!

Sobre la autora

Jillian Lavender es una de las instructoras de meditación védica con más experiencia del mundo, y es autora de *Why Meditate? Because it Works*. Junto a su pareja Michael Miller, es cofundadora del London Meditation Centre y del New York Meditation Center, y juntos han ayudado a miles de personas de todo el mundo a transformar sus vidas con la meditación.

Originaria de Nueva Zelanda, Jillian ocupó puestos de liderazgo en editoriales multinacionales en Sídney, París, Nueva York y Londres. Durante su estancia en Australia, gracias a una recomendación se inscribió en un curso de meditación védica y notó sus efectos de un modo inmediato y profundo. Inspirada por los beneficios que le cambiaron la vida a nivel personal y profesional, dejó su carrera empresarial para formarse a tiempo completo durante 14 meses en la India y Estados Unidos, y poder así ejercer como instructora.

Además de su labor docente, Jillian asesora a particulares y grupos en ámbitos como los negocios, el liderazgo personal y el ayurveda. Su trabajo ha aparecido en numerosos medios, como *The Guardian*, *The Times*, *Vogue* y *Financial Times*. Ha dado conferencias en Do Lectures, How To Academy y ha intervenido en numerosos *podcasts*.

Jillian es la maestra de meditación de confianza de numerosas personalidades destacadas del mundo empresarial, artístico y deportivo, así como de personas de todas las profesiones y condiciones sociales que buscan un mayor equilibrio y claridad.

Vive en Londres con Michael y la hija de ambos.

Puedes contactar con Jillian en:

@jillianlavender
JillianLavender.com

@londonmeditationcentre
LondonMeditationCentre.com
NewYorkMeditationCenter.com

Agradecimientos

En primer lugar, quiero agradecer a los cofundadores de Do Lectures, Clare y David Hieatt, el haberme invitado a participar en las charlas de 2023. Fue una experiencia fantástica y allí conocí a la maravillosa Miranda West, directora de Do Books. Su apoyo durante la gestación de este libro ha sido fundamental para hacerlo realidad. La libertad que me dio Miranda para hacer lo que quería, junto con sus excelentes consejos y su asesoramiento objetivo cuando lo necesité, facilitaron el proceso y mejoraron mi escritura. También quiero expresar mi agradecimiento a Jess Fry, de Do Books, por su apoyo constante y su valiosa contribución desde el principio, y a Anya Glazer por su trabajo en Do Books. Gracias a Emily Cook por su compromiso y atención con la publicación en Estados Unidos. Gracias a James Victore por diseñar la portada y a Wilf Whitty por su cuidada y equilibrada maquetación y diseño.

Quiero hacer una mención especial a todos nuestros estudiantes y miembros de la comunidad de meditación védica. No hay maestro sin estudiantes, y me siento muy agradecida por el privilegio de compartir este conocimiento con tantos. Siento una inmensa gratitud hacia todos los maestros de esta tradición, ya que la larga trayectoria de la enseñanza es fundamental para dar vida a este antiguo conocimiento.

Muchas gracias a Emma Rae, miembro vital de nuestro equipo en los Centros de Meditación de Londres y Nueva York. Su apoyo durante este proceso ha sido inestimable.

Y, por último, gracias a mi querida familia: Michael y nuestra hija Loie. Me habéis regalado tiempo y espacio para escribir y habéis asumido una mayor carga tanto en las clases como en la vida familiar. Vuestro aliento, atención, edición y sabias palabras están presentes en cada página. No habría podido hacerlo sin vosotros.

Libros en esta colección

Pausa
Robert Poynton

Storytelling
Bobette Buster

Diseña
Alan Moore

Respira
Michael Townsend Williams

Tierra
Tamsin Omond

Vuela
Gavin Strange

Propósito
David Hieatt

Construye valor
Alan Moore

Camina
Libby DeLana

Improvisa
Robert Poynton

Encuentra tu voz
Mark Shayler

Emprender
Dan Kieran

Newsletters
David Hieatt

Medita
Jillian Lavender